JN206882

旅、国境と向き合う

青木怜子

論創社

はじめに

二〇一七年、日本人で海外に渡航した人は、法務省入国管理局の統計を基に政府観光庁が推計したところでは一七八九万人余であったという。その多くがおそらくは飛行機で日本を飛立ったことであろう。ちょっと前まで日本にいたのに、あっという間に外国にいる。そのことを不思議とも思わず当たり前だとし、ましてや自分が国境を越えたという意識もない。

だが、かつてひと昔前、国境は厳然として国と国を隔てるものであった。少なくとも飛行機で旅する時代が来るまでは、国境はひと飛びに越えられるものではなかった。特に島国の日本は海で隔てられ、海を越えることで初めて国境を越えたという実感があった。それは、海路を行く船旅が唯一の渡航手段であれば、なおさらであった。

船旅は長時間かけてリスクも高く、時には、行ったからといって必ずしも帰路が約束されてはいなかった。海難事故や移住は別としても、実際、経済的理由で片道切符のみをようやく手に入れ渡航した人、あるいは帰路の旅費を手当てしても滞在中の生活費に事欠いて使い果たした人、時には国の事情で帰国が不可能となり祖国に帰れなかった人など、渡航したまま帰路につけなかった人たちは、当時の渡航者数との比率で見れば少なくはなかったろう。国境を越え海外に渡るということは、文字通り命を賭すものだと思う人も少なくなかった。

反面、海を越えて遠く異国に旅立つということは、今まで自分が居た狭い世界から抜け出し、未知の世界に向けて飛躍する機会でもあった。無論、それもまた異国での成功をなんら保証するものではなかった。それでも人々は不安に勝る夢を描き、未来に自分の一生をかけて故郷をあとに旅立って行った。思えば、良くも悪くもこれらの船旅にはそこはかとない人生のロマンが漂っていた。

やがて船旅の時代が終わり、飛行機が渡航手段として日常化される時代が到来する。一九五〇年代のことであった。以後、切磋琢磨の技術革新により、航空事情の進化は速度のうえでも、ルートのうえでも、また大型輸送化のうえでも一挙に成し遂げられていった。距離と時間が縮められ、運賃が割安となって旅を多くの人が体験する。そのほとんどの人が今日、日本を離れてもその日のうち、あるいは時間を先取りさえして異国の地を踏んでいる。しかも通信網が発達した今、旅の安否は旅先に到着後ただちに祖国の人々に伝えられ、船旅の時代ほどには離別感がなくなってしまった。

さらに、かつては祖国から離れたところに行けば生活環境ががらりと変わり、戸惑うことばかりの日々を堪えて現地に順応していく長い過程があった。それが今では、先進国を中心とすれば信じがたいほど短期間に順応でき、生活用品の調達もさほど不自由ではなくなった。それは、偏《ひとえ》にメディアなど情報文化の発達により、異国の世界についての知識が事前に供与されていることもあるが、同時に物流がスムースになり、共通または似通った製品が世界に出回り、祖国でも行く先々でも馴染の環境が日常生活を支えるようになったからであろう。かつてはこれぞ船来品といったものが数多くあったが、今では異国の物もさして珍しくなくなった。大袈裟に言えば、人々は国境の差を微塵も意識することなく、物理的にも精神的にも、世界を股にかけて生活する。こうした生活感覚の画一化は「ひと昔」前までは考えられないことであった。それだけに国境感覚も一段と薄れてきているのかもしれない。

ことにヨーロッパでは、過去半世紀の間に、ヨーロッパをあえて一つの共同体として捉え、欧州連合（EU）の域内においてはヒトの往来も、モノの往来も、カネの往来さえも自由にし、国境の壁を取り除こうとしてきた。国境間にあった検問を廃し、ユーロによる通貨の統一を図ったため、結果的に国境を越える都度、それぞれの通貨に合わせ換金しなければならない煩わしさが排除された。そのことが一層、旅する人にとっても国境を越えたのだという実感を薄れさせてしまった。

ところが皮肉なことに、国境越えの意識が薄れていく反面、二一世紀になった今ほど、国境の話題が世界を駆け巡るのは、過去にも多く例を見ないであろう。それは両大戦時や冷戦時前後、あるいはイスラエル建国を巡るパレスチナ難民、ボートピープルを生んだインドシナ難民を凌ぐかのように、今、ヨーロッパでは内紛の続くアラブやアフリカから、数多くの難民が戦火を逃れ、困窮の中から少しでも豊かで平穏な生活を求めて国境を越えたというニュースがクローズアップされている。その要望が火急で死活の問題であれば、万難を排し、命を賭しても国境越えを求めたであろう。だからこそ一層ニュースとなった。

これら難民に対し、最初は寛大な心をもって彼らを遇しようとしていた受け入れ側の国策も、その夥しい数の難民を前に、やがて域内の安全と安定を死守するため、難民に対して国境は閉ざすべきだと反駁されていった。難民を受け入れるか否かの激しい攻防は、ついに寛容な人道主義こそが国家の安全にとっては弊害なのだと、狭量な愛国心を鼓舞して世論は右傾化する。

問題は、移民の流動があまりにも激しく、あまりにも大規模で、しかも予期せぬ勢いで生じたからであった。急増する難民に、受け入れ側では法的な取り決めも合意もないまま、救済のための経済負担を一方的に負い、難民によって奪われかねない地元住民の居住空間と労働市場と治安に対する不安を抱え込む。人道支援と過重な負担との間で板挟みになったヨーロッパでは、「地元住民の声」として難民の受け入れ拒否と国境閉鎖への要望が増加した。EUにより開かれた大らかな国境概念は、結局は、ヨーロッパの域内だけに通じる国境開放論であり、ヨーロッパのための防衛ラインであったことが露見する。

国境を閉ざすべきだと激しく言い放つ傾向は、ヨーロッパだけに留まるものではなかった。長いこと、世界から移民を受け入れてこそ自由の国だと標榜してきたアメリカにも、不法移民や

「危険分子」は受け入れられないとする論議が強く台頭してきたからである。

アメリカでは、移民の規制は今に始まったことではない。過去においても、異質の文化や危険な思想、異なる生活基盤が持ち込まれてくることに危惧を表して激論が戦わされ、法もまた、移民に対し厳しい規制を打ち出してきた史実を持っている。移民を規制し、特定の国や地域からの移住を排す動きは、ことに一九世紀末期から二〇世紀初頭にかけて激しく起こり、ことさら狭量な国策を採った時代があった。

それは、南北戦争以後に国内統一が図られ、資力を蓄え、急速な産業革命を遂げたアメリカに向けて、近代化に後れを取った東欧や南欧から移住者の大群が急増した時代に始まり、やがては、第一次大戦後の一九二〇年代に、未曾有な繁栄を誇ったアメリカに流入する移民の波に怯えた時代にと繋がった。

その大量の移民に狼狽したアメリカでは、第一次大戦後、おりからヨーロッパで激化する社会主義革命に過敏となり、反ボルシェヴィキ、反無政府主義、反ドイツ思想を一括して対スパイ政策とし、それを口実に、従来根強くある「アメリカにとって好ましくない移民層」や異質の文化の流入を阻もうとした。時代は、今とも似て、「一〇〇パーセントアメリカ主義」を唱え、孤立主義を求め、さらには関税を巡っても、国益を守るための徹底した保護政策を採った時代でもあった。

やがてアメリカの孤立主義は第二次大戦への参戦で挫かれ、世界を視野に入れる軍事作戦を展開せざるを得なくなった。戦渦が収まっても、イデオロギーが対立する冷戦時代に入ると、アメリカは自由主義圏のリーダーとして、共産圏を牽引するソビエト連邦を牽制することが国内外で求められていった。

自由主義を標榜したアメリカは、イデオロギーで封じこめられた国々の人々を政治亡命者あるいは難民として受け入れ、抗ナチス移民や共産圏からの亡命者、キューバ革命期には反カストロ派を、またベトナム戦争後のインドシナ難民をも受け入れていった。だがその受け入れ方はきわめて慎重であり、戦後のインドシナ難民を除いては、対応も遅く、また数においても散発的であった。

そのアメリカで移民政策が大きく動いたのは、一九六五年の改正移民法、さらには一九九〇年の改正移民法の制定であった。それにより、かつて離散した移民家族の受け入れ枠や、職能による優先受け入れ枠を設けるなど、主として人道的見地や企業の要望に応えるものであったが、以前よりは緩やかな移民受け入れへと進んでいった。

それがなぜ今、アメリカではメキシコとの国境を閉鎖し、ことさら移民受け入れを拒否する論議が高まったのであろうか。一つにはすでに触れたとおり、移住者が急増してきてアメリカ経済や労働市場や国の治安を脅かしているという議論であった。しかも地続きのメキシコからは、国境をかいくぐって潜入する「不法移民」が絶えず、その不法行為そのものが、法的正義を欠くという道義的な批判であった。その批判は、一九六五年、一九九〇年の移民法改正の時にもすでに煽っていた。だが、反移民への国民感情をより一層煽ったのが、ニューヨークのツインビル爆破を始め、外国出身者と見なされる者による頻発するテロ事件であった。

しかし、これらの具体的動機とは別に、アメリカにせよヨーロッパにせよ、大量の移民受け入れに対して今一つ国民の間で共有される別の危惧感があるのかもしれない。それは長いこと共同体が育んできた歴史や伝統が、突然外部から怒濤のように流入する異質文化により破壊されてしまうのではないか、いわば深層心理にある危惧感であった。彼らにとって国を囲む国境線は有形無形の長い歴史を秘め、自国の生い立ちやそれに対する思い入れを語るものであり、その国境線を越えて外部から流入した人たちにより、自分たちが育み、慈しんできた何かが一挙に失われてしまうのではないかといった言葉にならない不安であった。

国境は往々にして戦や侵略や外交交渉によって変えられ、決して不変なものではない。国家が脆弱であれば、侵略を狙う外敵や権力者の野望に晒されて国境は崩壊する。それでも国境を内から見れば、国境は国の安定を維持するうえで本来は護りの砦であった。国境の内側に籠められた共有の体験・文化・心情は、時に国境内の人々を結束させ、愛国心を助長する。事あれば、それを護ろうとし、心の内に「内なる国境」を築いていくのであろう。

本書では、著者が過去五〇年余の間に実際に旅したことのある地域からいくつかの事例を拾い、それらの国々が持つ特性に惹かれ、なぜそれらの特性がその土地固有のものなのか、またその特性がどのようにその国の歴史とかかわるのか、逆に、国境を越えても隣国と一向に変わらないものがあるのはなぜなのか、そういったさまざまな好奇心から国境とは何か、国境を越えるということはどういうことなのか、旅すればこそ募る国境への思いを記してみたい。

同時に、過去に国境線が変更され、あるいは激しい攻防を繰り返してきた国々で、人々の生活や文化はどのような影響を受けたのか、どのような反発や順応の仕方で今日に至ったのか、今も残る国境の課題、あるいは目には見えない国境線の動きをも探ってみたい。それは理屈ではなく、むしろ旅で見た街の風情や、人々の生活に触れての抒情的なものであるかもしれない。だがそこに住む人々、つまり「国境」の内に住む人々のありようを窺い知ることで、彼らが誇りとする町への思いが伝わるかもしれない。

実際、さまざまな国を訪れ、訪れれば訪れるほど、国境について考えさせられることは多くあった。それは必ずしもその国に、国境に関わる問題が現在あるということに留まらない。その国に行き、その国のありようを見ているうちに、あたかも国境が目に見えないベールとなってその地域を覆うかのように、地域特有の個性や特徴が心に沁みて感じられることがある。旅で見る国境とは、そのことも含めてのことである。

本書は、著者が旅した地域に主題を限定したため、焦点を当てた地域はヨーロッパを始め、おのずと偏りや限界がある。しかも、その地域の情景はできるだけ旅をした時代に留めている。そのため、近代化の進んだ現在のありようからは、少なからずずれているかもしれない。それでもその旅、その旅で抱いた国境への思いを、国々の生い立ちや歴史に託して、国境とは何かを問うてみたい。国の大半を海で囲まれ、地続きの国境への認識が薄い日本で、あるいは飛行機でしか国境線を越えたことのない世代とともに、国境が持つ意味を改めて問うてみたいと思っている。

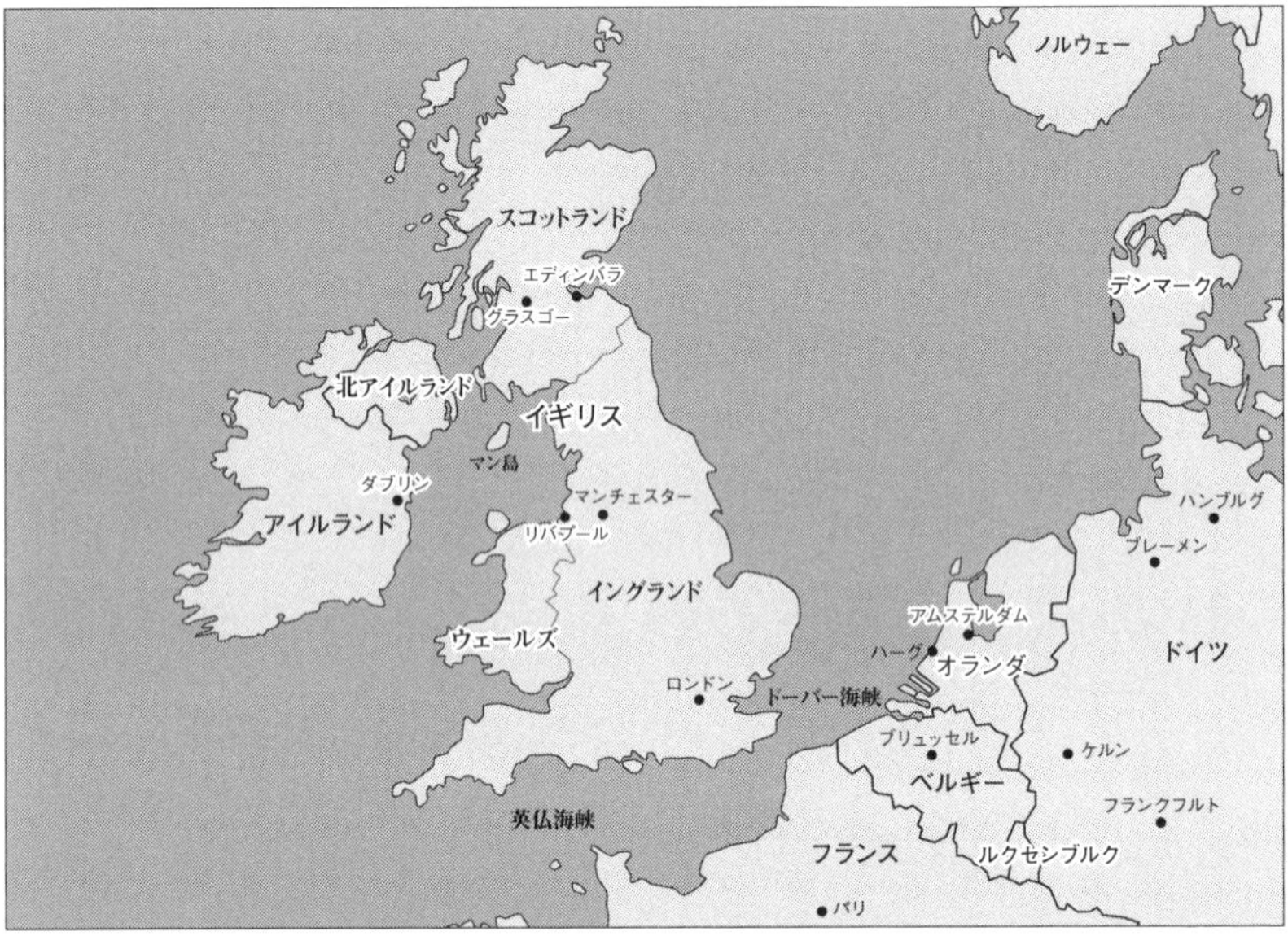

イングランド・スコットランド・アイルランド

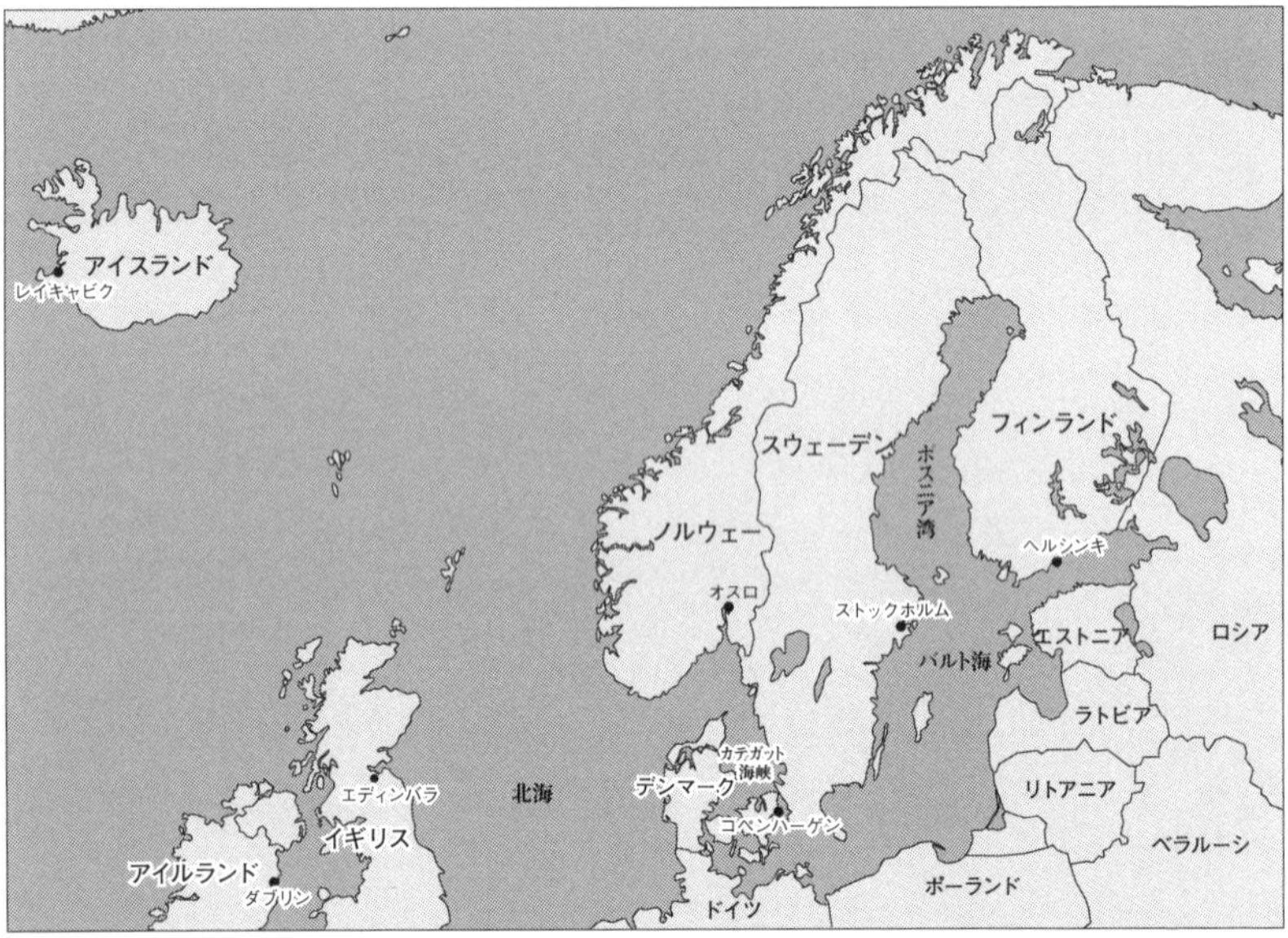

スカンディナビア諸国

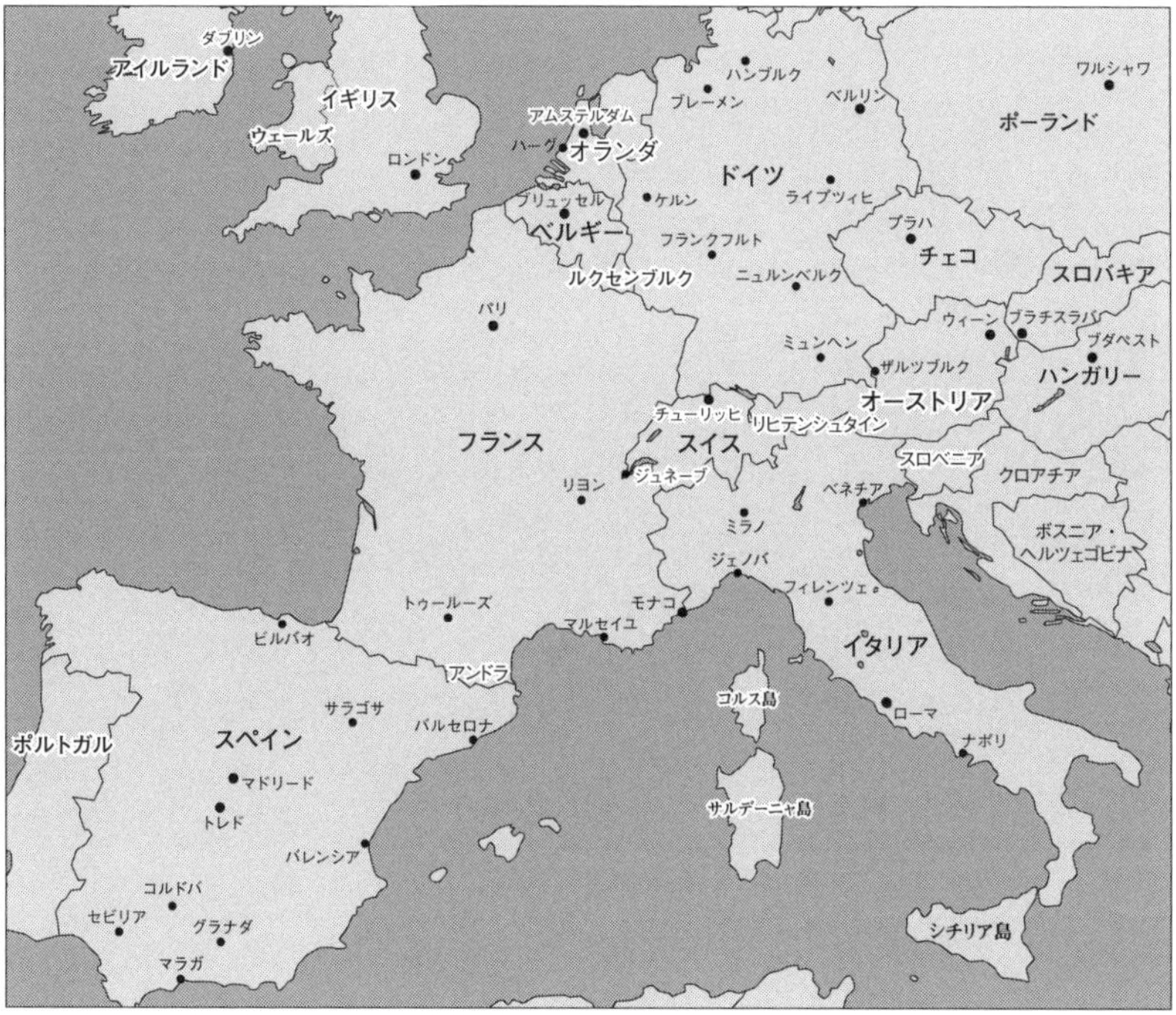

西ヨーロッパ

スイス連邦の26カントン

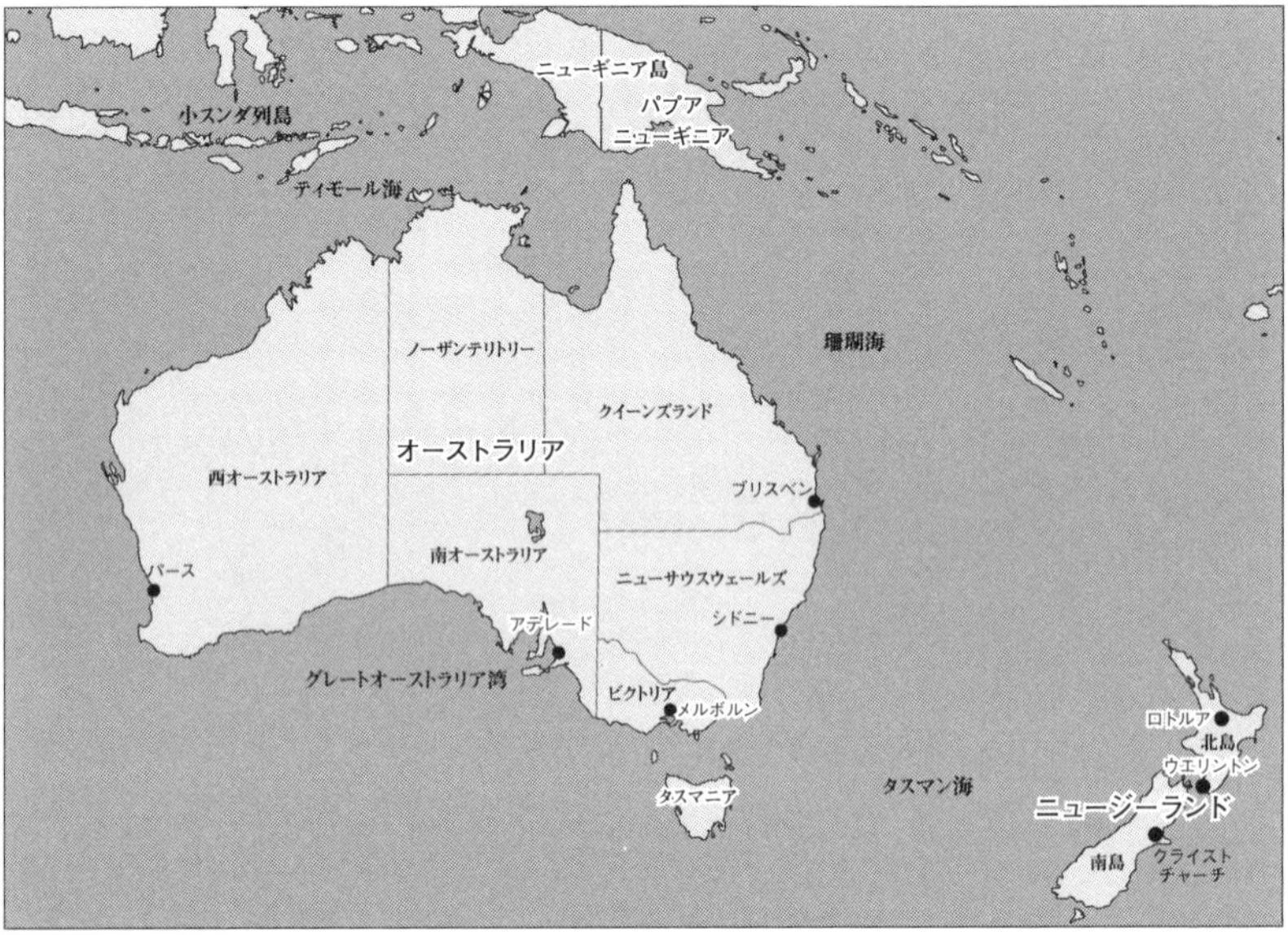

オセアニア諸国

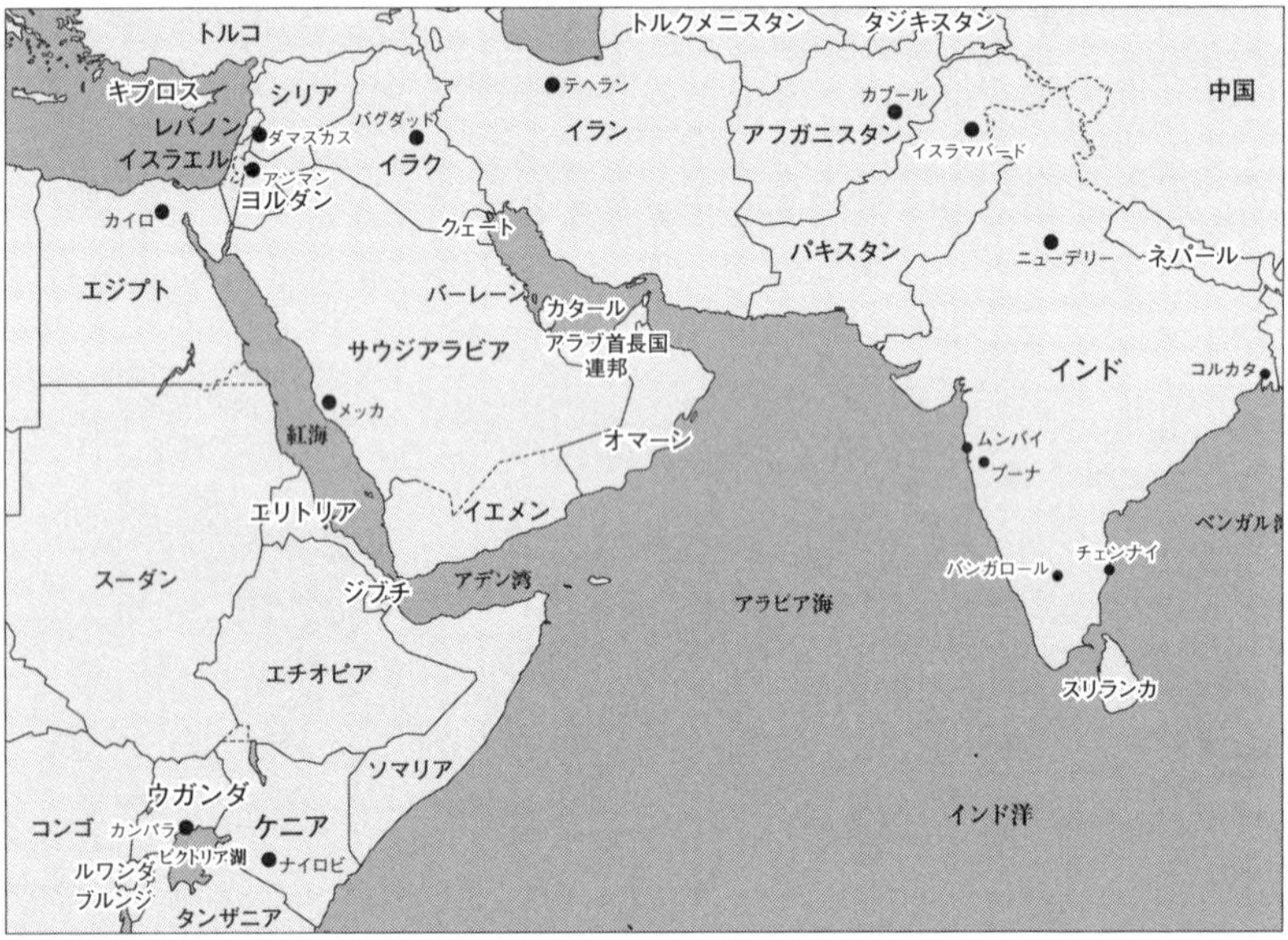

インド、中東、北・東アフリカ諸国

目次

ウガンダとケニア —— 砂漠のオアシス、ビクトリア湖を囲む二つの国　237

おわりに　258

第一章　地続きの国境を行く旅——西ヨーロッパに国境検問があった頃

ヨーロッパへ行く。それは私にとって、数年暮らしたことのあるアメリカ以外の外国へ行く初めての旅であった。かつて一七世紀、アメリカへの移住者たちは、ここヨーロッパから旅立ち、新天地を開いていった。言わば、私が今まで見てきたアメリカという国の成り立ちの原点を見つめる旅でもあった。それと併せ、島国の日本では見られない地続きの国境を越えてみたくもあった。

とはいえ、ヨーロッパへの旅の発端は、大学の部活の後輩に当たる学生たちに同行するもので、純粋に国境越えの旅を目指したわけではなかった。海外にある姉妹校を訪ね、ヨーロッパの音楽演奏に触れる、それが目的であった。ガイドと私を入れても、わずか一四人。当時、部活を指導していただいていた読売交響楽団の吉田貴壽先生のお世話で、空路は往復ともにオランダ航空ＫＬＭを利用し、地上ではオランダのバス会社が仕立てる遠距離バスを使うことが条件であった。それにより、安価な運賃と旅の安全と利便が保証された。

ロンドン、ブリュッセル、ケルン、ハイデルベルヒ、ミュンヘン、ザルツブルグ、ウィーン、グラーツ、ベネチア、フィレンツェ、ローマ、ミラノ、ジュネーブ、パリの一四都市を、海に隔てられたロンドンとベネチアを除けば、終始同じ運転手による同じバスで移動した。またとない贅沢な趣向であったことは否めない。

旅に出た頃、その時代

一九六八年。それは、日本が東京オリンピックに沸いた年から数えて四年後、高度経済成長が熟成期に達した頃であったろうか。オリンピックを終え、先には大阪万博を控え、戦後の日本が少しずつ世界に復興の証を認められてきた時代であった。

旅で出会った人々の対日感情も良好で、ヨーロッパの行く先々で親しみを込めた笑顔が私たちに向けられた。かつての同盟国と言えばそれまでだが、ドイツではしきりに、「ヤーパン?」と声をかけられ、よくある話だが、イタリアでは絵葉書を売りつけようと、「セニョリータ、キレーイ、キレーイ、一〇マーイ、一〇〇〇リーラ!」と売り子にせがまれた。

無論、キレーイ、キレーイは絵葉書のことで、売り子自身は、諳《そら》んじた言葉を操り、自分では何を言っているのかわからない。さすがにしっかり者のセニョリータたちは、買い物を値切りこそすれ、決して売り子のカモとはならなかった。それにしても当時は、若い人だけの外国観光客は少なかったうえ、二十歳《はたち》代の娘たちの旅にはそれなりの華やかさがあったのであろう。

三月一四日夜一〇時半、羽田を発った私たちは、KLM機でアラスカを経由し、オランダ・アムステルダムのスキポール空港に到着した。途中、テクニカル・ランディングでアラスカのアンカレッジ空港に寄港する。アンカレッジでは、給油のほか乗務員の交代や機内清掃もあり、約一時間を空港ロビーで費やした。アンカレッジを離陸してからも、グリーンランド、アイスランドの氷山上空を飛び、優に八時間以上もの飛行となる。当時はソ連上空の飛行ルートが閉ざされていたため、北回りのヨーロッパ便はこのルートが一般的であった。そのため、アムステルダムに到着した時は、すでに現地時間で翌日の一五日早朝であった。

今では珍しくないが、飛行機と空港建物を直接結ぶボーディング・ブリッジを通って建物内に入ると、世界初と謳われていた「動く歩道」を使ってロビーまで行き、そこから改めてイギリス行きの便に乗り換える。あとは、わずか四、五〇分ほどでヒースロー空港に到着した。

ロンドンからブリュッセルへ、古都と現代が交錯する二つの町

今回のヨーロッパを回るバス・ツアーのスタートはここイギリスからであったが、ロンドンではヨーロッパ大陸でチャーターしたバスとは別に、市内専用のバスがチャーターされ、同行したガイドは日本語を巧みに操る生粋のロンドン女性だった。夫が大阪天王寺で糸問屋を経営する日本人だと聞き、流暢な日本語の謎はすぐ解けた。バスはロンドンの目ぼしい観光スポットを隈なく回り、わずか三日の滞在で、街の様相と気配が一気に窺われたかのようであった。

バッキンガム宮殿やウェストミンスター寺院、英国議会を見学し、数ある博物館を巡って、ハ

イド・パークやケンジントン・パーク、ダウニング街一〇番地（首相官邸）やシャーロック・ホームズ縁《ゆかり》のベーカー・ストリートを散策した。有名デパートも回り、ピカデリー・サーカスから、ホテルのあるクロムウェル・ロード近くまで、地下鉄にさえ乗っている。街には、当時の日本では見られない色鮮やかなファッションが溢れ、おりしもツイッギーの都ロンドンはミニスカート全盛期であった。

三月一八日、ロンドンを離れ、再び空路オランダに向かった。一時間ほどでロッテルダムに到着。ここからが欧州都市を巡るバス・ツアーとなる。昼食後、チャーターされた中型の観光バスに乗ると、これから先の旅すべてをオランダ人のガイド兼運転手に委ねることになった。バスは早々にアントワープを抜け、一路ベルギーに向けて南下する。肌寒い早春のフランダース地方をひたすら走り、やがて三時間もすると目的地ブリュッセルに着いた。

車窓から見る限り、田園風景の広がるフランダース地方は、たとえ国境を越えようと変わらぬ風情が続いていた。だが、街道を下り、行き着いたブリュッセルでは、広場グラン・プラスを始め、古式豊かな建物が並び、街は整然として落ち着きのある大都市の風格を見せていた。昼ともなれば、ギルド・スクエアでは花市場が立つという。そこではヨーロッパの町々に共通した人々の賑わいが見られるのであろう。

その街中を、翌朝早く一人そぞろ歩いてみた。通勤時間帯のせいもあって、街中を行く人の足の速さは驚くばかり。男女を呑み込むようにオフィスに向かう人波が、どこか颯爽として小気味よいリズムを刻んでいた。

急に、お上りさんよろしく観光名所でもある小便小僧の像を一目見たくなった。「何処に男の子の像が?(Où est la statue de l'enfant?)」と坊や像のありかを訊いてみた。怪訝な顔の中年女性に繰り返し尋ねると、彼女はやっと表情を和ませ、"Ah, Pis!(小便)"と笑いながら行く道を教えてくれた。少年のブロンズ像の名称は、正しくはManneken Pis もしくはle Petit Julien。ジュリアン坊やの小さな噴水が街かどを飾る。「ベルギー・ユーモア」と言われるその像は、広場グラン・プラスから、ものの二、三〇〇メートル南西に歩いた所にあった。

重厚な町ケルンを経てミュンヘンへ

朝食後、ブリュッセルをあとに、早くもバスはドイツに向けてアウトバーンを東進する。やがてフランダースの牧歌的な風情は一変して、重圧感のある家並みが増してきた。都会が近いのであろう。ドイツ最初の町ケルンでは、まずステンドグラスの色合いも鮮やかで重厚に聳え立つゴシック建築のケルン大聖堂、聖ペトロ教会を見学する。

ケルンには、それとは対照的にローマ帝国が築いたディオニソス様式のモザイク・アートを始め観光の要所が随所にあり、午後いっぱいかけて市内を見学した。翌朝ケルンをあとにバスはボンの大通りを走り、日本大使館前に差しかかった。

時は冷戦のさなか。ベルリンは分断され、ドイツが統一される一九九〇年まではボンがベルリンに代わり、西ドイツの首都として政治的機能を果たしていた。無論、ボンはベートーヴェン生誕の地であり、彼縁《ゆかり》の家や街並みを存分に歩いて見学する日程も組まれていた。

ボンからは一路ライン川に沿って南下し、コブレンツ、ルーデスハイム、マインツ、マンハイムを経由してハイデルベルヒに向かう。途中バスを降り、水量豊かなライン川を船で下った。どこで乗船し、どこで下船したかの記録はないが、おそらくはコブレンツからルーデスハイム付近であったろうか。

旅程表と地図を照合すれば、私たちはライン川流域の町ザンクト・ゴアルスハウゼン付近を通っている。そこは川幅が狭まり早瀬となるため、航行はライン川きっての難所となる。船人を惑わすローレライ伝説は、ヨハネス・ハイネの詩とフリードリッヒ・ジルヒャーの旋律でも有名だが、当然のこと、ローレライにちなんだ岩山と周辺の古城が船下りの最大の見せ場であった。

下船し、再びバスでルーデスハイムに向かい、そこで昼食を済ませてから学徒の町ハイデルベルヒに到着した。町を散策し、その夜はそこで一泊する。翌朝三月二一日、ハイデルベルヒを発って、ネッカー川沿いにさらに南下し、シュツットガルトを経由してミュンヘンに入った。シュツットガルトから山中を抜けるミュンヘンへの道はライン沿岸の景色とは一変し、残雪に凍る山肌を間近に、アウトバーンをほぼ一日走り続ける旅となった。いつしか夕闇が迫り、バスはようやく中世のロマン漂う古都ミュンヘンに着いた。

ミュンヘンはバイエルン王国の首都として知られるが、そのバイエルン王国は神聖ローマ帝国時代、バイエルン選帝侯領として神聖ローマ帝国の領邦であった。神聖ローマ帝国内の群雄割拠は、さまざまな勢力争いと分裂を帝国内に引き起こしたが、バイエルン王国もまた分裂を起こしながら、それでも皇帝の選定権は維持し、ハプスブルグ家の対抗馬として頭角を現わしていった。かくして、ハプスブルグ家とともに、バイエルンは宗教戦争（三〇年戦争）、オーストリア王位継承戦、スペイン王位継承戦、フランス革命戦争など、一七世紀から一九世紀初頭にかけての近代ヨーロッパの勢力図に絶えず関わっていく。

バイエルンで思い出されるのは、アメリカのボストンにある広場コモンズで、いくつもあった鳥寄せの小さなエサ台の中に、ババリア宮殿と記された城を模《かたど》るエサ台があったことである。たかがエサ台なのだが、ババリアとはバイエルンの英語名で、エサ台のモデルとなったのは、繊細な造りを持つバロック様式のババリア宮殿、すなわちバイエルン宮殿であった。当時、バロック様式が最も栄えていたイタリアから王妃を迎え、一六六一年にバイエルン王が彼女のために築城したという。

バイエルンの首都ミュンヘンは、古くから産業の中心地として賑わったが、時代とともに、ビール・カメラ・繊維・自動車・重機・兵器・出版業など、繁栄を誇る生産ラインをいくつも擁してきた。当然のこと、人口が集中するこの町は金融のメッカでもあり、フランクフルトと並ぶ商業都市でもあった。生き生きとして賑やかな街の雰囲気につられるように、バスは私たちをホフブロイハウゼまで運んでくれた。

ホフブロイハウゼ——そこはかつてヒトラーに熱烈な支持を送った学生や労働者が意気高揚したというビヤホールで、広いホール内の一席に腰を下ろせば、否応なしに時代の流れに翻弄されたミュンヘンのさまざまな顔が浮かんでくる。そういえば、ここミュンヘンにはナチス本部があったほか、大戦勃発を前に、ナチス侵略を抑えようとイギリス・フランスが主導した融和政策の舞台、「ミュンヘン会談」の歴史も残されている。輝かしい古都の文化とともに、忌まわしい第二次大戦のエピソードをも語り継ぐミュンヘンの町に、深い興味と去りがたい思いを抱きながら三月二二日朝、私たちはいよいよ次の国オーストリアへ向かった。

モーツアルトとマリア・テレジアに魅せられて

独墺国境はちょうどアルプス山脈の最東部辺りにあり、雪を頂いた山の聳える真下でパスポートの検問があった。まだECもユーロ通貨もなかった頃、私たちはこの検問所でドイツ・マルクをオーストリア・シリングに換金した。ふと気づけば、いつしか周囲には申し合わせたようにチロル帽をかぶる人たちが目についた。帽子の横に付けられた飾り羽根がアルプスの風にそよいでいる。それは国境に関わりなく、周辺一帯がアルプスの懐に抱かれる山岳地帯であったからだ。

オーストリア最初の町ザルツブルグでは、昼食後、盛りだくさんで見どころある市内観光が私たちを待っていた。ミラベル庭園、モーツアルト生誕の家、大フェスティヴァル・ホール（祝祭大劇場）、ホーヘンザルツブルグ宮殿、ヘルブルン城、ザルツブルグ大聖堂。月並みな観光コースだが、こぢんまりとした古都の栄華と、モーツアルト縁《ゆかり》の遺品を愛でる半日となった。

ザルツブルグは「塩の町」としても知られるが、もともとはカトリック大司教管区で、世俗を断ち切ったはずの宗教者が土地の支配権を握り、それにより得た豊かな財源で絢爛豪華な大聖堂が建立された。金ぴかの祭壇を前に学生の一人がふと、「ローマは遠くにあり、ですね」と感慨深げに言った。精神的支柱を越えたザルツブルグ大聖堂の富による支配を、彼女なりに実感したのであろう。

その夜のザルツブルグの宿は小高い山の中腹にあった。バスは急な勾配を登っていく。途中、坂道の右側に小さなカフェがあり、チョコレート色をしたケーキがショーウィンドーに並んでいた。紛れもなくザッハトルテであった。観光を終えて夕食までの自由時間、一人坂道を下って私は店に行ってみた。

着くなり、早速ウィンドー越しに見たザッハトルテを注文する。やがてチョコレートでふんだんにコーティングされた四つ切りのケーキが皿一杯に盛られ、テーブルに運ばれた。量の多さに度肝を抜かれ、フォークで一口、口に運べば、今度はその甘さに仰天する。結局、一個のピースを食すのがせいぜいで店を出た。残した量の方が多かった私に、あきれた店主の見送る顔が背を射るように感じられた。

ザッハトルテの甘くも苦い味わいをひそかに心に留め、私は翌三月二四日、何食わぬ顔で皆とともにザルツブルグを発つバスに乗った。バスはザルツブルグから多少右肩上がりで北上するが、ほとんど横真一文字に東進する。ほどなくしてアムステッテンを抜け、その日のうちにオーストリアの首都ウィーンに入った。ここウィーンでは三泊四日の長逗留となる。

ウィーンの町は、他の都市と比べてさすがに落ち着きと品格があり、感一入《ひとしお》の印象があった。街には木立も多く、誇り高いウィーン市民は街の景観を損なうまいと、当時、市内に地下鉄が走る案に猛反対であった。

街に出た私たちは、観光の目玉となる名所を丹念に回った。ホッフブルグ城、聖ステファン大聖堂、聖シャルル教会、ベルヴェデール宮殿、リングストラッセ、オペラハウス、国立美術館等々。さらに足を延ばしてシェーンブルン離宮も訪れた。行く所どころに、贅と粋を凝らした一八世紀の優美な町ウィーンがあった。

ウィーンは、私たちにとっては旅の初めから憧れの地であった。それは何よりもその地が、短い生涯をかけてモーツアルトが活躍した土地であり、宮廷音楽の舞台でもあったからである。だが、私にはもう一つの理由があった。それは院生時代にテーマとしてくり返しとりあげられた神聖ローマ帝国への関心と、その帝国を支えた女帝マリア・テレジアの面影と息吹が、この町の隅々に沁みついているのではないかと思っていたからである。

マリア・テレジアはシュレーゼン地方の帰属を巡り、幾度もプロイセンのフリードリッヒ大王から戦を挑まれてはこれに応じ、オーストリアの不屈の魂を象徴するかのように、神聖ローマ帝国の女帝の地位を揺るぎないものにした。初期、劣勢にあったオーストリアは、やがてハンガリーを手中に入れて味方につけ、そのことがオーストリアの勢力拡大に繋がったという。プロイセンとの度重なる戦は一八世紀のヨーロッパ勢力図を書き換えるかのように他国にも及び、イギリスとフランスの勢力争いを誘引して、結果としてみれば、アメリカ植民地の独立をも促した。だが、実際に「マリア・テレジアのウィーン」に来てみると、この壮大な勢力図に見られる歴史的展開とは別に、例えばシェーンブルン離宮などに見られるような繊細で逸材のバランス感覚に満たされた趣向とデザインの中に、彼女が残した足跡があるように思われた。

部屋の一つ一つを見て回るうち、活字で知るマリア・テレジアはいつの間にか生身の人と化し、その支配感を充満させていった。シェーンブルンは、マリア・テレジアの居城として知られ、彼女の命で改築や装飾も施されたが、そこで彼女がどのような日常を過ごしたのか、私には詳細はわからない。だが、この館にはマリア・テレジアの息吹がたしかに感じられるのである。

その時であった。離宮の説明に当たっていたガイドが、「謁見の間」の説明を始めた。目を奪うほどに豪華な宝石が連なって垂れ下がるシャンデリア。等間隔に並ぶ布張りの椅子とテーブル。それらが私たちを不思議な空間に引き入れていく。ガイドは、部屋に入ったその瞬間こそが、この部屋の醸し出す特徴的な効果なのだという。つまり、相手を見据えたような部屋の豪華さと威圧感が、交渉のため訪れた外国の特使を瞬時に虜にし、特使が条件を出す前に彼らを弱腰にさせたのだという。

さして広いとは思えぬその部屋の雰囲気がかえって、いかにも穿ったこの説明を実感のものとし、マリア・テレジアの外交のしたたかさと戦術の上手《うま》さを物語るかのようであった。思えば、彼女の繊細さも、結局は術策の一つであったかと勘ぐれば、いつの間にかマリア・テレジアの化身は再び史実の中に戻っていってしまった。

イタリアに抜ける国境沿いの街道で

史実と現実をないまぜにするかのようなウィーンを離れ、私たちは三月二七日、同じオーストリア領内にあるグラーツの町に入った。ウィーンからほぼ真南に直線距離で約三時間。町はアルプスの東の淵を回るようにして下る道中にあった。

グラーツの町へはその後、一九九七年と九八年に国際会議の開催とその下準備のために再三訪れたが、三〇年のうちに一変し、近代化と産業化が進んでいた。だが、最初の旅、六八年のグラーツにはまだ静かで鄙びた風情が残っていた。それもそのはず、中世後期にハプスブルグ家の配下に入ったこの町の歴史は古く、一五八六年にはグラーツ大学が創設され、ヨハネス・ケプラーなどの学者が活躍した。辞典によれば、古代ローマ帝国時代に設けられた砦をスラブ語でグラーツと言い、それが地名の起源になったという。たしかに積み重ねられた石の砦と、高台にある古城の遺跡が町の見どころであった。かつては領土を巡る激しい戦が繰り返された名残であろう。

無論グラーツの見どころは、そのほかにエッゲンベルク城やオペラハウスなど多くがある。これら古い歴史地区は一九九七年に世界遺産に登録され、以後、古都は経済発展した新市街と区別されるようになった。

グラーツに着いた午後には、見晴らしの良い高台の城址公園でゆったりとした時間を持ったが、その翌日には、私たちはアルプス最南端の雪峰を仰ぎ見て墺伊の国境を越えていた。パスポートの検閲を済ませてイタリアに入れば、思いなしかロマネスク様式の寺院に交じり、金色に輝く丸いドーム風の屋根が増えてきた。すでに見たグラーツにはオスマン帝国の侵略を受けた跡があることから、グラーツ以南の町にオスマントルコ風の寺院がしきりと見受けられるのかもしれない。無論ドームは東方教会にとってもシンボルで、この辺りではさまざまな信仰が交錯するのであろう。南欧の日差しのもと、残雪が白く、車窓から吹き入る風は意外に冷たかった。

やがて国境からの山道を下りしばし行くと、風景は一変して平原が続くようになった。そのはずれに、海に浮かぶベネチアが見えてきた。三月二八〜九日の両日、私たちはこのベネチアに逗留した。

ベネチアとフィレンツェ――金満の富、豊満な歴史

ベネチアを水の都というのはまことに陳腐な表現だが、実際、ベネチアはそれ以外に表現のしようがない。汚水によりだいぶ水路が歪められたとはいえ、その水路に隔てられて家々が建つ。どこまでも畝って続く無数の運河。水路が作る十字路。その十字路に立つ水上信号。そして行き

交う大型の船はバス、小型船はタクシー、ベネチア風物のゴンドラはハイヤーと呼ぶ。その水路の中心に土盛りをしたかのように水都ベネチアがあった。陸上の町と水上の道路。陸地の町中にも多少の通路はあるのだが、むやみに細く、狭く、暗い道がビルの合間を縫っていた。

南欧の地にあってベネチアは最も保守的な町と言われるが、観光客で賑わい、夜遅くまでモーターボートの騒音と声高に話す人声で静寂はなかった。ベネチアはのちに訪れるフィレンツェと同じく、金の価格が低廉で、どこを回っても金ずくめ。それがなおのこと観光客を刺激する。ベネチアを案内したイタリア人ガイドが、日本で一番好きな時代は「安土桃山」だと言った。どこかベネチアと符合する。

少しは静かになった朝、早速に水上バスで観光に出かけ、ひと停留所先で下船してサンマルコ寺院を訪れる。暗い館内には、ミサに上げる蠟燭の灯りと、建立後、後世になって取り付けられたという天窓からかすかにこぼれる陽の光が、わずかな明るさをもたらしていた。ローマ風の大理石モザイクとベネチア式の木製モザイクが入り組んで会堂を飾り、ここかしこに散見されるイスラーム文化、ローマ文化、ギリシャ文化、それに東方文化の彩りが織りなして交錯する。そこに「ベネチアの美」があるのだとガイドは説明する。

広場に出ると無数の鳩が群れを成す。飛び交い、餌を漁る群れの向こうには、今拝観したばかりの金色に輝く教会堂の正面が、そしてもう一方には、ベネチアの誇る金細工や皮製品、ガラス製品などを陳列する店舗が並んでいた。金をふんだんに施したベネチアの建物が重圧感をもって迫るなか、否応なしにベネチアの豊かさを満喫する。

まずは博物館内でかつてのベネチアの栄華の跡を辿り、その後、再び水路でベネチアガラスの工房を見学した。いかにも職人然としたガラス細工師が目の前で作りだす見事な作品に、皆、固唾を呑む思いでその指先を見やってしまう。ガラス自身が持つ怪しい輝きと透明感が職人の技で生みだされては形となる。ベネチアガラスはなるほど、商品価値以上のものだと実感した。

ベネチアでの日程を終え、昼食後、再び地上を走るバスに乗って一路フィレンツェへと向かう。ただただ広い、味気もない平原を再び行けば、ベネチアでの閉塞感が一挙に吹き飛び、不思議な解放感に満たされた。午後六時半、バスはフィレンツェに到着した。ドイツやオーストリアでは手が悴《かじか》みそうな冷気があったのに、ここ南欧では一挙に春のぬくもりに包まれ、体が緩みそうであった。

北欧に比べれば日の入りの遅いこの町で、食後私たちは散歩旁々街に出た。路上では、夜だというのに、まるでのみの市のように売り出し物が並び、ヤーターなどお買い得品が安価で放出されている。イタリアを知る運転手から、怪しげな物売りではないと保証され、ざっくりしたセーターを私も買い込んだ。

翌三〇日は一日中フィレンツェを観光する。イタリア・ルネサンスの開花期に金融で巨万の富をなし、この町に君臨したメディチ家縁《ゆかり》の礼拝堂。ついで聖ロレンツ教会、ウフィッチ美術館、ピッティ宮、ジオットーの鐘楼と、フィレンツェ観光には付き物の名所を回り、時代を謳歌したルネサンス絵画や彫刻、建物を丁寧に参観した。最後に、フィレンツェの町を一望できる広場ピアッツァーレ・ミケランジェロに着いた時、私たちは思わぬハプニングに遭遇した。

広々とした空間に立って街を見ていると、二、三人の学生が私に耳打ちした。「あそこの日本人、芥川比呂志さんですね？」見れば、すらりとした長身の男性は紛れもなく文学座の芥川比呂志だった。一人寛いでの旅行者に声をかけるのもはばかられたが、そこは学生、若さを盾にすでに芥川さんに話しかけている。屈託なく笑みを湛えた芥川氏は、学生の要望に即座に応え、私たちと写真に納まった。ヨーロッパへの一人旅で、ちょうどアメリカを回ってきたばかりだと言う。さらに、その日は奇しくも彼の誕生日だということもわかった。学生は宿に帰るなり、祝賀の花束を芥川氏のホテルに届けたいと言う。

奇想天外な展開は、さらにその夜に起きた。ホテルに電話があり、夜分でご迷惑でなければホテルに伺いたい、と芥川氏。皆、胸をときめかして彼を待った。一人旅する身に誕生祝の花束が届くとは思いもかけないこと。お礼にケーキを注文したので、食後のティーをご一緒したいと彼は言う。芥川さんは旅の体験を語り、その話術の面白さにつられ、その夜、談笑の輪は幾重にも広がった。

フィレンツェでの一夜が明けて三月三一日、私たちは次の目的地ローマに向かった。イタリア半島中部を、多少西寄りに振れながらも直線的に南下する。移動の行程は短く、早、午後一時にはローマに到着した。

旧市街、新市街と盛りだくさんなローマの町

ローマでの最初の訪問地として、私たちはローマ終着駅から北東の大通りヴィア・ノメンターナ沿いにある聖心修道会を訪れた。現在では修道会は別の所に移転したが、美しい庭園、ベージュ系の淡いピンク色をした優雅な建物。逸品が溢れるローマにあっても、そこはさながら美の殿堂であった。

明けて四月一日。今度は一挙にローマの街を観光する。午前中は新市街、午後は旧市街。丸一日かけてローマを駆け巡る。まずローマの旧城壁を抜けて市内に。そこには各国の商社やオフィスが立ち並ぶ新市街の中心地が広がっている。さらにバルベリーニ通りを行き、ボルゲーゼ邸の公園に向かう。そこにあるピンチオの高台に登れば、ローマを一望する景色が広がっていた。おりしも公園には、桃の花が八分ほど開花し、園内の一角にはパンジーが咲き揃う。街路樹のプラタナスも一斉に芽を吹き始めたところで、辺り一面、春爛漫の気配が漂っていた。

公園の真後ろには、お馴染みのスペイン広場の階段が曲折しながら続き、それを降りてのち、さらに街中を北に向かった。やがてテヴェール川を西へ渡ると、今度は旧オリンピック村や競技場が見えてくる。一九六〇年、ここローマで第一七回夏季オリンピック競技会が開催された。競技場の周囲を大理石の彫刻が取り巻き、陸上の小競技場は大理石のスタジアムと呼ばれていた。

テヴェール川を南下し、やがて道は大通りヴィア・アンジェリコに入っていく。そのまま一気

に進めば法王庁のバチカン公園に出る。バチカンの建物はさすがに荘厳を極め、その全景からしてカトリック総本山の風格を備えていた。

建物の中核サン・ピエトロ寺院の内部に一歩踏み込めば、目の前には無数と思えるほどの聖壇が並び、その聖壇に囲まれるようにして天蓋のある大聖壇が中央に位置している。背後には、鳩を刻んだステンドグラス越しに漏れる光が映え、その灯りが暗い室内を燦然と照らし神秘的でさえあった。館内にある天井画や壁画は無論のこと、多くの芸術作品が建物内部を飾っている。なかでもミケランジェロの「ピエタ」像は、十字架から降ろされたイエス・キリストを抱く母としての聖母マリアの表情を機微に捉え、人々の目を容易には逸らさせない魔力を放っていた。

寺院は一六二九年に建立され、以後、バチカンはローマカトリック教会の総本山として、世界の歴史の展開に内外から関わった。一九二九年二月二七日にはムッソリーニと協定を結び、ローマ市内にありながら独立領として認められた。以後、世界政治の中で、バチカンの立場は一層複雑なものとなっていった。

バチカン以外にも私たちは、トレビの泉、古代ローマの競技場コロセウム、カラカラ浴場、地下に潜む古代教会カタコンベ、そしてパンテオンと、多くの遺跡を訪ねて回った。パンテオンは直径九メートルもある巨大な吹き抜けのドームで、二階までが大理石だが、あとはコンクリート製なのだと聞いた。いかにもすべての比重がどっしりと土台にのしかかっている感がした。ドームの中にはラファエロやヴィットリオ・エマヌエル一世の棺が納められ、華やかなルネサンス期からイタリア統一の日までと、次から次へと歴史のロマンに誘《いざな》われる。キャピタリーノの丘から、さらにはムッソリーニ記念館など、その日は一日中、ローマの新旧市街取り混ぜての濃厚、かつ凝縮された名所観光に明け暮れた。

日がな一日、ローマの休日

翌四月二日は一転して自由行動の日となり、グループの大半はオプション旅行でナポリに行った。私は、むしろバチカン博物館をゆっくり見学し、改めてその周辺をも散策しながら、のんびりとローマの休日を味わうこととした。

折れ曲がった石畳の坂道を登り、サン・ピエトロ大聖堂の裏側に出れば、奥行きのある、ひっそりと構える博物館の入口があった。階段を上がり、さらに吹き抜けの中央ホール脇からとてつもなく幅拾い椅子付きのエレベーターで階上に昇り、地球を模した円形のブロンズが立つホールを抜けると館内の展示場に辿り着く。そのまま第一番目の部屋に入れば、古来より伝わる珍宝の書物——主として金文字や極彩色を施した祈禱書や聖書——が陳列され、さらには歴代法王に宛てた各国からの書簡が丁寧に棚に収められていた。その数多い陳列棚の最後に、伊達正宗公直筆の書状があった。

バチカン博物館に収納された品目は、その数、その貴重さにおいて類稀《たぐいまれ》なものだが、第一の部屋から直線的に伸びる回廊をさらに進めば、各部屋には、金・銀・ルビー・ダイヤなど各種宝石がちりばめられた十字架・カリス・祭服・宝冠が、夥しい数と目を見張るような豪華さで連綿と並び、観客の足を誘ってきりがない。優に一時間半も場内を回って見たであろうか、昼前に閉館となる建物を出た頃には、目も、足も萎えるほどであった。

だが、この町に来たからにはどうしても逃せない嗜好への確執があった。かねて雑誌で目にした料理のことで、それは細麵の「カプリ・ドゥ・アンジェロ」と、エビとイカの炒めもの「スカンピ・エ・カラマワリ」であった。

メニューに固執するには、それなりの理由があった。以前、月刊誌「文藝春秋」の紙面で読んだ話で、曰く、イタリアで食事を注文する時は、カプリ・ドゥ・アンジェロとか、スカンピ・エ・カラマワリとか下手にイタリア語気取りで言うよりも、啖呵でも切るように威勢よく、「カッポレ団十郎！」「素寒貧空回り！」と言った方が遥かに通じるのだ、とそこには書いてあった。

本当だろうか。旅の戯れで、私もそれを試してみたかった。なんと結果は上々。オーダーどおりの皿が来て、素朴ながら濃厚な美味しさが美食の国イタリアを実感させた。おそらく、言語に対し融通の利かない英語圏の語感では、この手法は通じなかったであろう。改めてイタリアという国の大らかさを痛感する。

充実した三泊四日滞在のローマを発ち、私たちは四月三日、高速道路「太陽の道」をひたすら北上し、ミラノに向かった。ミラノ到着の予定は夜八時。そこで一泊するとしても、ほとんどここの観光は望めない。ミラノ大聖堂を外から拝んだあと、宿に入る前、皮革製品のショッピングがせいぜいであった。この旅では唯一満たされぬ思いを抱いたまま、私たちは翌朝早く、またバスで移動した。ミラノからは北西に、今度は西側から再びアルプスを越えてジュネーブに入る。長旅のバス旅行もいよいよ終局に近づいてきた。

伊仏国境はモンブラン山中のトンネルの中

ミラノを出て六〇〇キロメートル近く走ると、聳え立つモンブランの山が見え、その下を長いトンネルが潜っていた。バスは時速七〇キロで走り、トンネルに入って約九分も行くと、突然トンネル内に、イタリア・フランスの国境を記した標識があった。国境はなんとモンブランの山の下にあったのだ。

トンネルに入る前には、おりしも降りだした激しい吹雪に襲われたが、トンネルを抜けた向こう側は薄曇りで、突然漏れてきた光が目を射るようであった。それでも道の傍らには深い残雪が見られ、置き去りにしてきたイタリアの早春が、雪国の厳しさとは対照的になつかしく思われた。

ローマからミラノまでの長い行程に比べれば、ミラノからジュネーブには三時間ほど早く到着した。それでもバスの移動は一日がかりだったので、翌四月五日、ジュネーブでの市内観光は珍しく朝の遅いスタートとなった。モンブラン橋を渡り、聖ピエール大聖堂、タウンホール、宗教改革立役者たちのモニュメント公園、ジャン・カルヴァン創設のジュネーブ大学など、午前中をかけて見学する。

いよいよジュネーブから最終地点パリまでの行程が、今回の旅の最終ルートとなる。四月六日、朝八時にジュネーブの宿を発ち、ディヨンを経由し北西に向かうと、夜七時半にはパリに着く。途中、山道を抜ければ道路の路肩まで雪山の麓となり、車を止めてスキーを履けば、そこからがゲレンデとなる。

やがて雪山から多少は低い所に降りてきたのであろうか。柔らかい緑の葉隠れに、蕾の色であろうか薄いパステル色が覗き、周辺では淡い藤色にけむる木々が春を待つ。一体、どの辺りだったのだろう。地名に記憶はないが、景色を前に、モネやセザンヌの世界は画家が背景を探すのではなく、背景があって、そこから絵画が生まれることを実感する。

最後の宿泊地となるパリでは、夜遅い到着日も含めて三泊四日。その中日《なかび》二日めとなる四月七日は、目いっぱいに観光に充てられた。午前中はモダンなパリを回って、コンコルド広場、シャンゼリゼ、トロカデーロ広場、エトワール、クリッシー、サクレ・クール、オペラ座等。午後には、史跡観光を目ざして、ルーヴル美術館、ノートルダム寺院、バスティーユ広場、ヴァンドーム、デュ・ラペ通り、リヴォリ通り、ルクセンブルグ広場などを見て回る。

明けて八日、欧州の旅最終日は、午前中にパリ市内にある修道会を訪ね、予定された行程をすべて消化した。残り時間は自由行動となったので、私はその午後、二、三人の学生とパリから汽車で約一時間のヴェルサイユ宮殿に足を延ばした。ルイ一六世のかつての栄華を偲ぶよりも、第一次大戦の和平条約が二度にわたりパリで策定されたにもかかわらず、その調印式を、所離れたヴェルサイユ宮殿でなぜ行なったのか、疑問とともにその調印の場を足と目で確かめてみたかったからである。

儀式めかしての調印の舞台は、宮殿の中でも細長いホール状の部屋、鏡の間にあった。周囲を取り巻く煌めく鏡とシャンデリアが、すべての真実を射ぬかんと研ぎ澄まされた空間を生みだしていた。それは皮肉にも、第一次大戦を誘引したヨーロッパの二重外交、三重外交、密約外交が欧州列強をがんじがらめにしたことを揶揄っているかのようでもあった。

そう言えば、戦後の和平に向けガラス張り外交を説き、和平を国際連盟に託したアメリカ大統領ウッドロー・ウイルソンは、パリ条約の策定には立ち会ったが、国の事情でヴェルサイユでの調印には列席できなかった。その結果、主を失った国際連盟は、提唱者であったはずのアメリカを盟邦とすることなく、第二次大戦までの世界を牽引していくことになる。

せっかく訪れたヴェルサイユのこと、ついでにと他の部屋も回ってみた。豪華にして気品ある装飾と調度品に満ち満ちた各部屋は、革命前の王室の輝きを放ち、優雅でもあり、その行く末を思えば悲しく、寂しくもあった。

ヴェルサイユ宮の本殿からは真っ直ぐ伸びる広大な庭園が広がり、その先にマリー・アントワネットが愛したトリアノン離宮があった。残念ながらそこまで行くゆとりがなく、私たちは惜しみながらも午後四時にはヴェルサイユ宮殿を後にした。

夜にはパリの夜景を見る最後のドライブに繰り出した。長いこと旅を共にしてきたドライバーからの洒落たボーナス・プレゼントであった。その夜は、そのままフォンテーヌ・ブローの森近くのレストランで欧州最後の夕食となった。明日九日には、いよいよパリを発ち、アムステルダムを経由して一〇日には羽田着の帰路に就く。存分に異国の体験を味わっての余韻も残ってか、まだ現実とは思えないような気分と、遠く離れた祖国への郷愁が入り混じる夜であった。

欧州都市を行くバス旅行を終えて

欧州一四都市を巡るバスでの長旅は、果たしてどのような体験を私たちに残したであろうか。一つには、国境を通過するたびに、当時はまだパスポートの検問を受けたことである。検問所によって異なるが、乗客がバスから降ろされて検問を受ける所もあり、制服に身を凝らした係官が乗り込んできては、パスポートなどの提示を求めることもあった。国境では必ず貨幣の換金が行われ、国境観念のない私たち日本人にとっては、国境を越える意味と重さと不便さが思いのほか緊張感を与えたものである。

だがそれにもまして、欧州一四都市を巡る壮大なバス旅行では、地続きの国境を走り抜けることの真価をつくづく噛みしめるという今一つ貴重な体験があった。街から街を抜けるヨーロッパでは、古代や中世の面影を留める至極類似した特徴が共有されていた。ことに教会や城の構築には、ヨーロッパに共通する文化の様式が保たれている。それでも国によって違う微妙なセンスの異なりが、大げさに言えば、その国の歴史を語っていた。だからこそ、かつて職を求め移動した宮廷音楽家たちも、ウィーンでは洗練された都会性を満喫し、イタリアではのびやかな気風を謳歌したのかもしれない。

実際、共有する文化を持ちながらも、地続きで越えた国境の彼方にはたしかに異なる世界が広がっていた。言語に限らず、土地の陽気、風土、街の佇まい、そして人々の風習。そのさまざまな違いを併せ呑み、やがてEUが成立する。思えば私たちがヨーロッパをバスで回っていた一九六八年にも、たとえ原動力は経済であれ、すでにEUの母体となるヨーロッパ共同体（EC）に至るまでの統合は進んでいた。だが国ごとに検問のあった時代には、よもや人々が自由に動く広大な領域がそこから生まれようとは、考えられないことであった。

一方、山沿いの町々を抜ければ、国境線とは名ばかりで、同じような風景や家並みが広がっていた。地主や権力者によって国を二分、三分した国境線は、その土地に住む人々の生死や運命を左右することがあっても、彼ら古来の生活様式を極端に変えることはなかった。それは、彼らの生活が国によって成り立つのではなく、その土地に適応しようと編み出していった長い慣習と日常の知恵から生まれたからであろう。

さまざまな思いを馳せながら、春を行く欧州バスの旅では、国境を越えてこそ覚える季節感や風土や食感の違いを知り、反面、国境を越えても何一つ変わらぬ風情があることを知った。今なら、この旅行もバスではなく、飛行機や特急列車で一気に回る合理的な旅を選んでいたかもしれない。巡りあえたその時期、その機会に、たとえ検問はあっても、悠然と大地を旅することが出来たヨーロッパの旅。そんな旅だからこそ、芥川比呂志さんにも、出会えたのかもしれない。

第二章　目に見えない国境線——骨肉相食むスコットランド・イングランドの確執

西ヨーロッパで、のどかな国境越えの旅を続けていると、たとえ、その度に関税手続きや通貨換金の煩わしさがあっても、国境によって変わるもの、また変わらぬものを人々は旅情として受け止めてしまうかもしれない。だが実際には、国境はそれぞれの国々が背負ってきた過去を偲ばせ、長い歴史のなかで時に風化させたかに見えながら、今もしがらみを引きずっていることはままあることである。それは西ヨーロッパに限らない。王権を確立させた国々にことさら国境が持つ因縁が感じられるのは、果たして私の旅心であったのだろうか。

例えば古くから王権を確立させてきたイングランドやスコットランド、西欧のフランス、中欧のオーストリア、あるいは北欧のデンマークやスウェーデン、ノルウェーなどの諸王国は、覇権争いを長期にわたり繰り返し、それら王国の境界線を絶えず移動させてきた。その境界線の変更は、往々にして失われた領土や権力を奪回しようとする次のモーティヴを生み、それが新たな戦いを繰り返す。そしてその都度、境界線を引き直した。なかでもイングランド王国とスコットランド王国の間では、国境を巡って確執にも似た対立を生み、今もその因縁がスコットランドをして分離独立に走らせる情念となっている。

しかも、それぞれの王国は、王国間の結びつきを強化して覇権争いを有利とするため、王位継承を狙う政略結婚で王室間の統合を諮っていく。その結果、王位継承権は自国や隣国に留まらず、広く他国にも波及していった。イングランド・スコットランド間の対立も、やがて王位継承を巡り、北欧などの周辺諸国、あるいは遠くドーバー海峡を隔てたフランスにも及んでいった。

対立の原因は、すでに述べたように王権の拡張を諮る覇権争いであったが、実情はそれだけに留まらない。覇権の政略的背景には、絶えず経済的要因が絡み、それぞれの土地・風土・気候・土壌そして地下に眠る資源がいかに魅力的であったか、その土地柄を実際に見て初めてわかる必然的要素があった。

英仏国境はドーバー海峡

私の初めてのスコットランド行きは、奇しくも南フランスに研修留学中の同僚夫妻と三人でフランスを縦断し、北フランスからドーバー海峡を越えてイングランドに渡り、ドーバーからは鉄道で西に向けてヴィクトリア駅へ、さらに地下鉄でヒースローまで行き、今度は飛行機でイングランドを南から北に縦断してグラスゴーに入り、そこからはレンタカーでスコットランドを一周するというものであった。ちなみにスコットランドからの帰途は私の一人旅で、エディンバラから鉄道に乗り、再びイングランドを今度は北から南に縦断してロンドンに向かった。

南フランスから出発したスコットランドへの旅では、行く先々で見た気候の違い、風土の違いに著しいものがあり、なぜ、スコットランドやイングランドがフランスとの絆を強めたかったのか、また、なぜその逆もあったのか、なぜイングランドがスコットランドへの襲撃を繰り返したのか、そしてなぜスコットランドが北欧の国に援軍を仰いだのか、短い旅の間でもそこかしこに諸国の因縁があるように感じられた。

一九七八年八月二七日、私たちはパリの北の玄関駅ガール・ドゥ・ノールから、北西に向けてフランス西端の地カレーに行き、そこからフェリーでドーバー海峡を渡った。ドーバー海峡は英仏海峡の中でも最も狭く浅い水域となっている。昼近く、ドラの音に急かされて海峡を渡る船はいよいよ陸を離れ、海洋にすべり出した。出帆の一瞬には、たとえフェリーであれ、不思議な興奮と感傷を覚えるが、それが天下の英仏海峡を行くともなれば、わずか四〇分間の航路とはいえ、初めてこの海峡を渡る者にはことさら心躍るものがあった。

イギリスとフランスは、古代、地質時代には陸続きであった。浅瀬の大陸棚にあったものが、英仏海峡の出現によりイギリスが大陸から切り離され、固有の環境を作り上げていった。それでも大陸に極めて近いイギリスは、古代にはローマの支配を受け、あるいはケルト民族やアングロ・サクソン人、北方のデーン人などの襲撃を受けてきたが、大陸からの脅威に晒された最後はノルマン人による征服であった。ノルマンは、今で言うフランス領内のノルマンディー勢力の元祖であって、もとは海賊の一族とも言われている。イギリスもフランスも、まだ国家の体裁を成していなかった頃の一一世紀半ば、彼らはノルマン王朝をイギリスに樹立した。一〇六六年のことであった。

爾来、イギリスは他国に征服されなくなったが、英仏関係は絶えず影響されやすく、イギリス・フランス王朝を危機に晒した百年戦争、大航海時代後の英仏植民地戦争、あるいはフランス革命からナポレオン戦争へと続くなかで両国は、大方は宿敵関係を持続した。一九世紀になり、外交革命として知られる英仏の接近がついには両国を同盟関係に導き、第一次・第二次大戦で両者は一蓮托生の時代に入る。しかも、イギリスは抗ナチス戦ではフランス亡命政府の拠点になるなど、英仏はドーバー海峡を挟んで、絶えず微妙な緊張関係に引きずられてきた。

イギリスとフランス。それにしてもヨーロッパの列強諸国の中でこれほど因縁の深い国同士があったであろうか。その二つの国の相対する執着と憧憬心は、このドーバー海峡が隔てるわずか四〇分間の距離で仕切られている。私がドーバー海峡を渡るに際し興奮を覚えたのは、これら激動した時代に知らず知らずして思いを馳せていたからかもしれない。

船はやがて目前に白亜の断崖が迫るや、定刻通り一二時四〇分、イギリス側のドーバーに接岸した。かつてイギリスは、アルビオン（白い国）と呼ばれていたが、それはこのドーバーの真っ白な岸壁が、軟質の白亜《チョーク》の岩盤から成る所以《ゆえん》だったと言われている。実は岩盤の要素は白亜《チョーク》だけでなく、プランクトン性の藻が海中に沈殿して炭酸カルシウム化したもので、それが白亜《チョーク》に交じって光輝くような白い断崖を海辺に残した。ちなみに、軟質であるため、岩盤は年間一センチ程度落下し、時には大規模な崩落を起こすこともあるという。

いずれにせよドーバー沿岸に聳え立つ真っ白な岸壁は、古来、大陸から見ればイギリスに渡る時の象徴的存在であったのだろう。船は、今では多くの観光客や日常的に英仏間を行き来する客を運んでいる。だが、かつてイギリスの繁栄期に、職を求めてはるばるイギリスへと渡った大陸からの移住者たちは、おそらく望郷の思いでこの白亜の断崖を見たことであろう。イギリスへの「玄関口」ドーバーは、黙して聳えるにはあまりにも多くのエピソードを秘めているような気がしてならなかった。

イングランドからスコットランドへ

ドーバーから私たちを乗せた鉄道は、西に進路をとりロンドンに向かった。茫々《ぼうぼう》とした港町の風景は、やがて赤レンガを連ねる人家を宿し、列車は一四時三五分、ヴィクトリア駅に到着した。ヴィクトリア駅からは地下鉄に乗りヒースロー空港に向かう。一六時一〇分発グラスゴー行きの便に乗ると、かっきり一時間で飛行機はグラスゴーに到着した。

ヒースローからグラスゴーに入る時、ボーダーの町として知られるバーヴィックでは、「スコットランドにようこそ」というランドマークが目に入った。だが、とりたててそこにイングランドとの境界線があるわけではない。それは、イングランドもスコットランドも同様にブリテン島にあり、その間を行き来するのは、同じイギリス領内を移動するだけのこと、と思われているからであろう。

そこで改めて地図で見ると、スコットランドはブリテン島全域の三分の一を占めて島の北部を成し、その南にイングランドやウェールズが位置している。古くはイングランドと同じくスコットランドもまた帝政ローマの支配を受け、その名残として、ローマ軍の防衛ラインであった長い石の砦がスコットランド領内にも築かれている。北方のアントニヌス長城、南方のハドリアヌス長城がそれである。そしてあえて言えば、この南のハドリアヌス長城がスコットランドとイングランドを二分する象徴的な境界線となってきた。史上に見る両軍の攻防も、絶えずこの長城を境に領土を奪いあっている。とはいえイングランド・スコットランド間に定められた公式の境界線は、それより二〇キロメートル北上した所にあり、ちょうどノルウェー湾と北海沿岸都市バーヴィックを結ぶ線がそれに当たる。バーヴィックがボーダーの町と言われる所以である。

元来、土地が不毛で気候が寒冷だったこともあり、帝政ローマはイングランドやウェールズほど、スコットランドに強い関心を示さなかった。せいぜいハドリアヌス長城周辺に広がるグラスゴーやエディンバラなど、南部アップランドやローランド地帯にのみ、その価値を見ていたという。やがてローマ軍はスコットランドから完全撤退し、スコットランドは独自の治世に入っていった。

もともとスコットランドでは、大陸から来たケルト系ピクト人が優勢であったが、ローマによる長い支配が終わると、やがて大陸やイングランドのアングロ・サクソン人やアイルランド系ゲール人など多数の民族が到来した。その中でケルト系スコット人はスコットランド北西部に、またピクト人は北東部に、さらにブリトン人は南部にと、それぞれ勢力を伸ばし互いに拮抗していった。やがてアルサ王朝が出現し、スコットランド王国を形成する。しかし一一世紀、イングランドにノルマン王朝が成立すると、イングランド王となった征服王ウィリアム一世はスコットランドに攻め入り制圧を図った。スコットランドはかろうじて独立を保つが、それこそがスコットランドとイングランドの間に融合と戦闘を繰り返す始まりでもあった。

因縁の仲——イングランドとスコットランド

融合は主として結婚によるものであったが、近親結婚を重ねては、スコットランドとイングランドは絶えずそれぞれの王位継承に絡んで紛争に晒された。結婚に端を発した王位継承戦は、ブリテン島外のノルウェー王朝や大陸のフランス王朝にも及び、周辺王国を巻き込んで同盟と征服の繰り返しがみられるようになった。やがてスコットランドでは王位継承に留まらず、土地の氏族や貴族の勢力が分裂し、イングランド王室に附くか、フランス王室に附くかを巡って国内分裂が生じたほか、宗教革命期のカトリック派とプロテスタント派の対立が激化すると、複雑な抗争関係がなお一層闘争を激しくしていった。

一二九六年、イングランド軍からの激しい襲撃で、ついにスコットランド軍はイングランドの軍門に下り、イングランドによるスコットランド支配が始まった。しかし、この支配に不満を抱いたスコットランド内の氏族や貴族たちは、反乱を繰り返しては第一次・第二次スコットランド独立戦争を展開する。おりしもその間、イングランドとフランスの間では百年戦争が起こり、それぞれから派兵や同盟を迫られたスコットランドは、敵対する両者の狭間で翻弄された。度重なる戦争で出費も嵩み、スコットランド王室は次第に統率力や権威を失墜し、議会派勢力に実権を奪われていった。

スコットランドとイングランドの間にみられる確執で最も悲劇的に語られる史話は、イングランド女王エリザベス一世とスコットランド女王メアリーとの確執であろう。両者は当時ヨーロッパを席巻した宗教改革の怒濤に晒され、そのことが必要以上に二人の関係を複雑にした。

イングランドでは、すでにローマ・カトリック教会から破門されたヘンリー八世が国教会を興し、王権を堅固にする。やがてエリザベス一世も新教を擁護する議会派を後ろ盾にし、さらなる権力を伸長していった。一方、スコットランドでも権力が肥大化するスコットランド国教会への不満が募り、カルヴァン派による改革運動が教会のプロテスタント化を進めることになった。しかし、時の女王メアリー・スチュアートは熱心なカトリック信徒で、プロテスタント化した教会とも、それを擁護する議会ともおりあいがつかなかった。スコットランドのプロテスタント化により、次第に国政の中で孤立したメアリー女王は、従姉妹でもあるイングランドのエリザベス女王に庇護を乞い、イングランドに亡命する。しかし亡命中、イングランド王位を狙う反逆罪の廉《かど》で捉えられて処刑された。

皮肉なことに、そのメアリー女王の悲劇がスコットランド王国とイングランド王国を表面的には接近させ、嫡子のなかったエリザベス一世没後には、空位となったイングランドの王位に、メアリーの嫡男でその後継者でもあるスコットランドのジェームズ六世を迎えてイングランドのジェームズ一世としたのであった。一六〇三年の「同君連合」のことである。しかし、イングランド王ジェームズ一世の誕生は、スコットランド側から見ればスコットランド王位の空洞化であり、以後、スコットランドは独立した王国としての実権も権威も失うことになった。

やがて一七〇七年、スコットランドはイングランドに併合され、大英帝国の一翼を担うことになる。だが、それまでにスコットランドとイングランドの間には、幾度血なまぐさい戦が繰り返されたことであろう。しかも、スコットランドのイングランドに対する恩讐は、一部で一層醸成されていく。それは長く独立国であったスコットランドなればこそ、そこにある固有の歴史と文化発展に対する強い誇りがスコットランド人の心の中に根付いていたからに他ならない。

ゲール語とスコットランド人の誇り

私たち外国人がスコットランドという国に接した時、いかにもイングランドとは違うと思わせるのは、まずなんといっても言語であろう。無論、スコットランドの公用語は英語なのだが、耳にする言語、目にする言語はゲール語の影響が強く、発音も綴りも異なっている。ゲール語はケルト系言語で、アイルランドのゲール語と源を共にするが、それとも異なっている。

スコットランドにおけるゲール語の使用は、一七〇七年の「併合」ののち、キルトやバグパイプとともに禁止され、英語の一本化教育が進んでいった。ちなみに現在は多様文化共存が叫ばれ、ゲール語の推進団体を中心に古代ゲール語の学習や伝播が進み、二〇〇五年に、スコットランド議会はゲール語の公用文書使用を決定した。駅名も地名も道路表記も、英語と復権したゲール語の二重表記となった。

復権とはいっても、ゲール語の影響が市民の日常生活に窺われるのは法制化以前、つまり禁止令に逆らって底流として残っていたものであり、私どもがスコットランドを訪れた一九七〇年代においてもそのことは顕著であった。その傾向は北に行けば行くほど、そして庶民の日常生活に触れれば触れるほど濃厚であった。実際にスコットランドで触れる言葉は単なる方言ではなく、明らかに英語とは異なる「別の」言語であった。単語自体が全く違うのである。

例えばゲール語を指すゲーリックは、英語ではGaelicと記し、そのように読む。だがスコットランドのゲール語では、これがGaidhligとなり、ガーリクと読むのである。この言葉の壁は私たちがグラスゴーに着いたその日から始まり、北に行くに従い厚みを増した。大きなホテルや観光客慣れしているところでは標準的な英語が使われているが、ローカルな店や市井の人たちと言葉を交わせば、そのままゲール語で返事が返ってくるのである。

グラスゴーから時計回りで巡るスコットランド一周

グラスゴーに着いた夜は空港内のホテルに一泊し、翌朝空港で車を借りることにした。レンタカーはフォード車で、アクセルペダルがやけに高く、フロアから六インチ強も高く競り上がっていたが、車の滑り出しは良好であった。運転は終始私がし、同僚夫妻はもっぱら綿密な地図作りと的確なナビを務めてくれた。

行く先のルートは、グラスゴーから西ルートをとって北に向かう。つまりグラスゴーから西ハイランド地方を抜けてスカイ島に渡り、そのあと元のルートに戻ってネス湖沿いにインヴァネスに出る。北海の沿岸に達してからは斜めに南下して東の町アバディーンへ。そのあとは沿岸を下って内陸部に入り、グレン・ダイの湖水地帯を北上してから再び南下し、やがてパース、スターリングを通って、フォース川ほとりのエディンバラに着く。通常、観光客がスコットランドを回る場合エディンバラから東ルートをとることが多く、私たちのルートは逆コースになる。あれを見たいこれを見たいという三人の欲望を満たすため、大まかなルートを決め、あとは行き当たりばったりの気儘な遠足となった。走行日数は九日間、走行距離数は八五五マイル（一三六八キロメートル）に及んだ。

八月二八日、スコットランド一日目の観光は、まずはグラスゴー市内を見物する。街中に出てみると、グラスゴーはさすがに賑やかな町であった。スコットランドの首都はエディンバラなのだが、イギリス国内でもグラスゴーは、ロンドン、リース、バーミンガムに次いで人口が多い。

イングランドとともに近代産業や商業貿易の先端をいったグラスゴーの繁栄ぶりがそこかしこに偲ばれる。この華やかな町の一隅にゴシック様式のグラスゴー大聖堂カテドラルが聳え、町のシンボルとも言えるこの大聖堂は、グラスゴー大学などとともに観光の一大スポットでもあった。

スコットランドの特異な地形

グラスゴーがなぜイングランドのマンチェスターやバーミンガムにも匹敵するような経済的繁栄を誇ってきたのかと言えば、誰もが指摘するように、その鍵はグラスゴーが位置する地形にあった。スコットランドは大別すると三つの地形に区分され、グラスゴーがある南部地方はアップランド、その北にある中部がローランド、北部がハイランド地方と呼ばれている。いずれもが特徴ある地形を持っているのが、また興味を惹くところでもある。

アップランドは、「シルル紀の岩石が形成したなだらかな丘陵地帯で、イングランドの地形に近い」と言われている。ローランドのランカシャー辺りで大量に採石された有数な天然資源を用い急速に工業化が進んだ。特にグラスゴーでは綿工業を中心とした産業が栄えていった。しかし、それよりも前、すでに一六世紀に、グラスゴーは町中を流れる水量豊かなクライド川の水運により、アメリカ大陸やカリブ海などかつてのイギリス植民地との貿易で栄えていた。これに伴い造船業も活発となり、のちの産業革命期には貿易立国となる素地を整えていく。

一方ローランドは「古生代の岩石からなる谷間《たにあい》」で、石炭と鉄鉱石を大量に産出し、一九世紀イギリス産業革命を牽引するエネルギー源の宝庫であった。火山活動も活発だと聞くが、実際、起伏の多い地形が横たわる。

これに対し北部ハイランドは山岳地帯で、氷河が刻んだフィヨルドや丘陵を擁し、標高一三〇〇メートル級の最高峰ベン・ネビス山脈が聳えている。辞典によればハイランドは、「地質学的には先カンブリア時代とカンブリア紀の岩石」を主とするが、それらは「カレドニア造山運動で隆起した」とある。どちらかというと北欧の地形と相似しているが、巨大生物ネッシーで騒がれたブリテン島最大の淡水湖、ネス湖もこの地にある。

八月二八日の夕方、私たちはグラスゴーの町を離れてロッホ・ローモンドへ向かった。グラスゴーを河口とするクライド川に沿ったルート八二号線を通り、ダンバートンの町で右折し北上する。ロッホ・ローモンドの湖尻から道は分かれるが、ローモンド湖を西岸沿いに進めばルートは変わらない。やがて、もう一つの湖ロッホ・ロングに近づくところで、アロッカーの町に着く。その夜はそこで宿をとることになった。夜更けの床で、ふと、日本でも馴染深いスコットランド民謡「ロクローモンド」を口ずさめば、幼き日への郷愁と静かな湖畔に漂う異国の哀愁が交錯するようであった。

ダンバートンを過ぎた辺りから私たちはスコットランド南部のアップランドをあとにし、ローランド地方へと入っていた。この辺りは地質的には、先に述べた古生代の岩石とともに、ハイランド地方に見られるデボン紀の旧赤色砂岩や石炭紀石灰岩の地層を成し、かなり複雑な地形となる。それでも古生代の岩石とともに石炭や鉄鉱石を排出する。しかしこれはローランド中腹部のことで、ローランド南部ではクライド川による肥沃な土地のおかげで酪農業も盛んだと聞いた。さらにダンバートンから北上してローモンド湖に達するローランド西部では湖水地帯の群落が続き、なだらかな丘陵を背景に、水量豊かな地形を目の当たりにするのであった。

湖水地帯からハイランドへ

八月二九日、ローモンド湖からインヴェラレイへと向かった。アロッカーからは左折して西進するため、国道八二号線から離れ八三号線へと入っていく。しばらく森林地帯が続き、それを抜けたところで、再び湖水地帯に出た。ちょうどフィンヌ湖の北の淵をなぞるようにしてさらに西に行けば、そこがインヴェラレイであった。そこで、まずインヴェラレイ城を見学する。鐘楼のあるベルタワーにも登ったが、古城は湖に面し、絶景であることに加えて、場内のコレクションも豊富かつ豪華であった。もっとも火災で屋根が焼失し、私たちが訪れた時は修復中であった。

インヴェラレイの町で食事を摂り、午後、私たちはいよいよハイランド地方に入っていった。グレンコー民族博物館を見学し、要塞の町フォート・ウィリアムで一泊するのがこの日の行程であった。この行程はかなりの距離で、途中オーン湖の湖畔北辺で八五号線に入り、ティンドラムから再度八二号線に合流したあと、ロッホ・レヴンの北端の町キンロッホ・レヴンから細長い湖を西になぞるように行くと、クライド湾を経て大西洋に注ぐ大湖リンヌに行き当たる。その先端を北上しながら湖に沿って延々と行けば、今夜の宿となるフォート・ウィリアムの町がある。辺り一帯は次第に高さを増す丘陵を東側に見て湖水地帯が続き、ハイランド地方の中でも最もハイランドらしい景観が連綿と展開されるのである。その日、私は旅先から留守宅にはがきを送った。

「憧れのハイランド地方を旅しています。山また山のうねりが続き、その裾野には、荒涼たる原野が広がり、まことに漠たる風情ですが、湖の深い色と、そこかしこに点在する羊の群れが、心を捉えるほど美しいコントラストを造り出しています」

ハイランドの絶景とおぞましい過去を宿すクランの牙城

だがハイランドは、そののどかな景観とは裏腹に、実は、そこかしこに激しい戦やおぞましい大虐殺の惨事を歴史に留める地が横たわっている。現にフォート・ウィリアムからわずか南に行った所には、一七世紀に起こった大殺戮の舞台グレンコーがある。先に見たグレンコー民族博物館こそ、その記録を収集する館であった。

そういえばこの湖水地帯を始めハイランドでは、グレンコーのようにグレンと名の付く地名が多数散見された。グレンGlenとは、狭く奥まった谷間《たにあい》という意味なのだが、この谷間《たにあい》が自然の要塞を味方につけ、多くの氏族の牙城となってきた。スコットランドの中でもこのハイランドには、特にクランClanと呼ばれる氏族が群雄割拠し、陣営を構えていた。氏族たちはそれぞれの紋章や軍旗を掲げ、伝統的な縄張りを誇示したが、このクランによる部族支配はスコットランド独特のもので、ゲール語と同じくイングランドと一線を画す特性であるかもしれない。

そもそもクランの隆盛はスコットランド特有の勢力構造がもたらしたもので、厳しい地形のために耕作条件の良くないスコットランドでは、領主が農民を繋ぎ止めるため、農民に有利な契約条件を結ばざるを得ず、次第に領主の権力や収入は減少した。特に大貴族の零落が顕著であったが、逆に小規模の領主は農民との関係を密にし、その地位を保っていった。やがて彼らは爵位を得、スコットランド伝統の盟約に連なることで大貴族との勢力格差を縮めていった。そのため、小規模集団の氏族勢力が伸長し、スコットランド全土には百数十に及ぶスコットランド・ファミリーが創出されていった。それがクランであった。

それぞれのクランが持つ家紋や盾の図柄を見ていると、キリスト像や聖人・天使のほか、双頭の鷲やライオンなど、さまざまなデザインが使われている。例えばライオン像では、一頭を描くか、二頭か三頭かといった数違いから、黄色いライオン・白いライオン・赤いライオンのような色違い、あるいはライオンをモチーフとしながら、そこに別の模様を組み合わせて他との違いを示している。だが、デザインの原型においてはかなり類似しているものが多く、家名も似通っているのは縁続きなのかもしれない。

ライオンはほとんどが前足を挙げて二本足で立つ立像だが、不思議なことに向きあった動物は別として、ライオンを始めとする多くの動物像や物体、例えば帆船をモチーフとした家紋に至るまで、ほとんどが右方向（絵に向かえば左方向）を向いて描かれている。たった一匹、例外なのは、ヤギが左を向いているパディントン家の紋章である。

一方、インヴァネス家やセント・アンドリュース家の紋章に描かれたキリスト像、あるいは他家の紋章に描かれた聖人・天使・王・女王、それに城塞は皆、中央正面を向いている。ただ、エディンバラ家の紋章に描かれた城は、正面を向きながらもなお頂上にたなびく三本の旗のいずれもが右向きになびいている。なぜ、その向きなのか、謎めいたしきたりの本性を解きたくもなる。

ここに述べた紋様のほか、単純な横棒やバッテン印、三角形や馬蹄形など、幾何学風のデザインも見受けられる。それぞれの紋様は、おそらく勢力図のシンボルとして何事かを念じ、一族にとって独特の意味を持っていたのであろう。それにしても、群雄割拠の勢力パターンの複雑さが偲ばれる。

この複雑な氏族社会が残した血なまぐさい戦の連鎖を起想させるハイランドの歴史は、ハイランドを旅する人の前に随所随所で迫ってくる。なかでも一六九二年二月一三日未明、先にも触れたグレンコーで、マクドナルド家一族の三八名が、招待した客人たちの手で殺害された「グレンコー虐殺事件」は、ハイランドでも最も有名な史実であろう。事件は、名誉革命後に即位したイングランドのウィリアム三世に一族が忠誠を示さなかった疑いをかけられての惨事であった。そしてその舞台はまさに、私たちが通ったティンドラムからリンヌ湖に向かう途次、今少しでフォート・ウィリアムに出る手前の深い谷間《たにあい》にあった。

再び湖水地方の風情に触れて

惨状痛ましいグレンを抜け、夕刻、私たちはようやくフォート・ウィリアムの町に着いた。暮れなずむ湖水の美しい風情が展望され、その展望が旅人の心を癒しなごませる。ホテルにチェックインして部屋に入れば、窓の彼方に人恋しいばかりの港の灯りが見えていた。

夢にも見そうなクランの紋章に圧倒された終日から一夜明け、私たちは翌朝、フォート・ウィリアムを発ち、スカイ島に向かった。ロッキー湖の湖水が途切れた所で、ずっと続けてきた北進の進路を西にとって左折し、八七号線に入っていく。ちょうどグレンガリーの森近く、インヴァガリーの町で左折した。町の名前にあるインヴァは、河口を意味すると聞いたが、辺りは相変わらずの湖水地帯で、ここを通る八七号線はデュイック湖まで直線となり、スカイ島に続いている。

午前中、スカイ島に渡る手前で、一三世紀に建立された中世風の古城を見学した。アイリーン・ドーナン城である。アイリーンは人名ではなく「島」を意味するが、もともとは教会を意図して建てられ、後にマッケンジー家の牙城となった。マッケンジー家はその後、ジャコバン派の反乱〔註 ジャコバン派とはジェームズ二世を支持する人たちで、ジェームズの名からジャコバイトとも呼ばれるが、一六八八年の名誉革命に反旗を掲げ、ジェームズ二世の王位復帰を求めた〕に加担したとして一七一九年にアイリーン・ドーナン城は破壊された。ちなみにマッケンジー家の家紋はと探せば、勇壮な角を左右に広げたエルク（大鹿）のマスクであった。

実のところ、現在見られる城は二〇世紀になって再興されたものだが、それでも城の内部には、剝きだしの組石が置かれ、内装も塗装も施されていない。いかにも中世初期の城といった素朴な感じの建物であった。端正で美しい城の景観は、写真集や映画やテレビの画面を通してしばしば紹介されるという。湖に面したその城は、湖水に突き出すように城壁が建てられていた。

湖水を渡ってスカイ島へ

町で昼食を済ませ、私たちは波止場のあるカイル・オブ・ロッカルシュまで行き、アルシュ湖を跨ぐフェリーでスカイ島に渡った。舳先《へさき》には船と同色の真っ白なかもめが翼を休め、水先案内でもするかのようにすっくと立って揺るがない。ここに限らず、かもめはスコットランドの湖上を飛ぶ常連で、豊かな漁場の餌を狙っているのであろう。

スカイ島は面積が一七〇〇平方キロメートルに及び、大小さまざまにあるスコットランドの島の中でも二番目に大きい島である。島内には、キューリン山を始め険しい山々が聳えるが、フェリーを降りた船着き場から先、八七号線をそのまま進めば、行けども行けども尽きない山間の道が続き、のどかな田園風景が眺望される。時おり車道に羊がはみだし、路上に生える草を余念なく食《は》んでいる。たとえ車が通ろうと、羊たちは平然として動かない。人家も人通りも少ない島の田園姿は、同時にうら寂しい北国の荒涼たる自然でもあった。

道端に咲くヒースは花の季節を過ぎていたのだろうか、ピンクの色が褪めて薄く、一層秋の渡りくる速さを感じさせる。あの強烈な太陽のもと咲き誇っていた南仏のヒースとは、あまりにも隔たりがあった。スカイ島やスコットランドで見るヒースは賑やかさと精彩を欠き寂しかった。その光景は、スコットランドの南に続くイングランド北部でも同じなのであろうか。エミリー・ブロンテの『嵐が丘』に描かれたヒースはなんとも寂しげに、因縁深い愛憎の世界を縁取っていた。日本ではエリカと呼ばれるヒースだが、華やかな南仏に咲くヒースを見た時、私は『嵐が丘』の背景を読み違えていたのではないかとさえ思った。やはり、北国のヒースを見なければ『嵐が丘』のヒースは想像できないのであろう。

この荒涼たるスカイ島にもまた、城址や古代モニュメントなど豊かな文化遺産が点在する。その一つダンヴィーガン城を訪れた。アイリーン・ドーナン城と同じく一三世紀に築城され、築城以来八〇〇年に渡り絶やすことなく人が住む城としては、スコットランド最古のものである。そして今も代々マクロード家の人々が住んでいる。ちなみにマクロード家の紋章は、三つの塔を持つ城門である。

城はダンヴィーガン湖畔の岩石の上に立ち、かつては周辺すべてが水に囲まれていた。今でも庭の湖水で船遊びができ、美しくデザインされた庭には貴重な植物も育成されている。一方、室内の装飾や美術品のコレクションも豊富で、マクロード家に伝わる家宝も展示されている。この風光明媚にして豪壮な庭屋敷は、エリザベス二世を始め、王族や有名人なども招待されて話題豊富だが、一般にも公開されている。ダンヴィーガン城は、「荒涼として何もないスカイ島で唯一、憩いのオアシスになっている」と、屋敷の説明書にあるとおりである。

ダンヴィーガン城でゆっくりし過ぎたのか、いささか帰路に就くのが遅くなった。ようやく島内で宿を得て投宿する。夜道で見つけた宿は予想をはるかに超えて快適で、夕食や朝食も充分に楽しめた。スコットランド名物のニシンの燻製は、もはや私たちにとっては欠かせぬ好物となったが、この宿のニシンは格別であった。多少、塩が効きすぎてはいたが逸品のニシンの味は忘れがたい。

ネス湖への道

八月三一日、私たちはスカイ島を離れ、再びフェリーで本土に戻った。その日はインヴァネスまで車を走らせる。行きに通った八七号線を再び来た方向に戻り、その突き当たりで、フォート・ウィリアムから続く八二号線に合流すれば、あとわずかでネス湖に出る。行きに見たロッホ・ロッキーの先が細長くなり、それがネス湖に繋がっているのである。

ネス湖は細長くひたすら延々と続く湖で、北端は北海に注いでいる。細いといってもそれは地図上のことで、広い所の湖幅は対岸までかなりの距離がある。魚とも何とも得体のしれぬ怪物が生息する湖として世界中に名を馳せた。ネス湖から名前をとり、人々はネッシーと呼んだ。しかし、長いネス湖畔周辺にはネッシーを売り物とする土産品屋も茶屋もなく、静かで清々しくはあるが、少々寂しすぎるほどであった。

ネス湖を右に見ながら森林の道を通り抜けると、早、インヴァネスの町に出る。ネス川のほとりに宿をとり、そこから海に近い町を歩くことにした。

ネス川は、ネス湖からそのまま流れを引いてインヴァネスの町が面するインヴァネス湾に注いでいる。その湾は北に向かってさらに大きく口を開けてモーレイ湾に、そして最後は北海にと流れ出る。斜め方向ではあるが、ハイランド地方を南から北へとまっしぐらに走る水路の一連がここにある。

インヴァネスの町とスコットランドの陽気

ウミネコの漁りまわるような声に、時には狼狽《うろた》えんばかりの苛立ちと寂莫感を覚え、北海の荒々しい流れを想像しながら北国の岸辺の町を流離《さすら》うように散策した。どちらかと言えば陰鬱で重たいスコットランドの空気が、この北の地で一気に濃厚になった気がする。その重さの理由は、景色ばかりでなくスコットランドの陽気にもあるのかもしれない。

実はスコットランドはカムチャッカ半島と似た緯度にあるにも関わらず、島を囲む北大西洋海流や偏西風の影響を受けて、冬もあまり低温にはならないことで知られている。最寒時で、平均二度から六度の陽気というから、たしかに平年ならば日本の関東地方くらいの寒さであろう。一方で、夏は温度が一四度から一九度とさして上がらず、年間をとおして温度差が少なく快適という人もいるが、夏には寒々しい陽気となる。

フランスからスコットランド入りした私たちからすれば、フランスでのあの強烈な日差しと熱気のもと、そよとした風も吹かない気怠《けだる》い夏とは対照的に、スコットランドではどこか影を宿す、いかにも寒々とした夏があるのだという印象を、私はなかなか払拭できないでいた。色薄いヒースの花、カモメと羊しかいない寂莫とした景色、そして八月から九月というのに、羽毛の布団《ドゥーベ》を掻き寄せずには眠れない寒々とした夜。これら、いくつかの条件が、決してはしゃぐことのないスコットランドの夏のイメージを定着させてしまったのかもしれない。意外だったのは、北海の港町の夜が案外と遅く、ネオンの煌めきが眩しいほどであったことである。北欧と同じように短い夏の夜を惜しみ、楽しんでいるのであろうか。

翌九月一日の午前中はインヴァネスの町を歩いた。カテドラル・セント・アンドリュース寺院は一八六六年から六九年にかけて建造された近代的なゴシック様式で、ネス川のほとりに立つ壮大な建物であった。予算の関係で当初意図されたものよりは縮小されたと聞くが、インヴァネスからモーレイ、カイトネスにかけての広範囲の地区を統括するスコットランド聖公会の司教区総本山でもある。

インヴァネスを出て九六号線を南東に向かう。インヴァネスから一六キロほど行くと、ネアーンの町近くに美しい庭園を持つカウダー城があった。私たちは城内のレストランで昼食を摂りながら城と庭園を存分に眺めることにした。

カウダー城は一五世紀に築城され、ハイランド地方では最もロマンチックな城と言われている。もともとはカルダー家のものであったが、一六世紀になりキャンベル家に移譲され、現在はカウダー伯爵の住まいであるという。石造りで、おとぎの国にあるような佇まいだが、シェークスピアの戯曲『マクベス王』に登場する王の牙城のモデルとも言われている。

モルトが薫る蔵の町とスコットランド北端の漁村

カウダー城を離れ、再び九六号線に戻ってさらに南東へと向かい、ダフタウンに入った。周辺にはいくつかのウィスキー醸造の蔵があり、私たちはその一つグレンフィディッシュ醸造の蔵元に立ち寄ることにした。モルトの生成から醸造に至る行程をひと渡り見学するが、蔵に入るなり薫り高いモルトの匂いが紛々とし、一挙に酔いが回るのではないかと思えるほどであった。いい気分になってその夜は、近隣の町キースで宿泊することにした。

翌九月二日、キースよりちょっと北寄りに戻りながら北海の漁港バッキーを覗いてみた。モーレイ湾に臨んだ海辺の町ならではの生業《なりわい》で、漁業と造船業に栄え、かつてはモーレイ郡の政治都市としての役割も果たしたが、統合により郡の首都は移転してしまった。今でも人口はエルギンやフォレスに次いで大きな町である。漁業や造船業はかつての輝きは失ったが、魚貝の水揚げとその食品加工で町の産業は成り立っている。

バッキーは、エディンバラやグラスゴーなど、スコットランド中心地からは最も遠い北端の町でありながら、必ずしも過疎地区ではない。それは、一つには鉄道の設備が充足されていたので、ノース・イースターン・スコットランド鉄道や、グレート・ノース・スコットランド鉄道など主要な鉄道と直結されたルートがあったからであろう。一九世紀中頃に敷設された地域路線は、およそ一世紀もの間アバディーンとインヴァネスを結ぶ重要な交通網として機能していたという。こうした活発な行き来がありながら、面白いことにバッキーは九割方、生粋なスコットランド生まれの人口を抱えている。その意味でバッキーは、最もスコットランド気質にあふれた町と言えるのかもしれない。

廃墟の古城ハントリーと海底油田の町アバディーン

バッキーを見てから私たちは、周辺を迂回するように再び九六号線に戻り、再度ケイスを経由して南東にあるハントリーの町まで下っていった。そのハントリーには、廃墟となった古城ハントリー城がある。この城のもともとの所有者は一四世紀初期にこの城を付与されたアダム・ゴードン卿であったが、忠誠を誓っていた王が戦に敗れ、城は焼打ちにあって焼失した。やがて再興された城は壮大なL字型の宮殿で、五階建ての塔をもち、さらに何度か建て増しもされている。この豪邸には、一六世紀から一七世紀にかけ、王族を始め多くの賓客が訪れた。しかし、最後にはジャコバン派反乱でイングランド軍に制圧されるなど幾度かの戦に関わり、数奇な運命を経て、やがて城主を失ってしまう。現在では破壊を免れた城の一部が歴史保存協会により管理されている。

ハントリー城を見てから、私たちは九六号線をひたすら南東に走り、いよいよハイランドの極東部に位置するアバディーンに到着した。北海に臨む港町である。長い砂浜と沿岸線を持つアバディーンは古くから漁業や造船業が盛んであった。近代では繊維業に加え、灰色の大理石を産出することから石材も豊富となり、北部ハイランドにあって多くの人口を抱えている。しかし、一九七〇年代以降は北海沖合で海中油田が掘削され、オイルブームに沸く町としても知られるようになった。

久々の都会であったせいか、アバディーンは際立って雑踏の町という感が強かった。市内には多くのホテルがあったが、満員か高額すぎて、その夜の宿はやすやすとは見つからなかった。かろうじて投宿することになったホテルはいかにも安宿で、お世辞にも清潔な宿ではなかった。

北海の油田ブームに沸く町らしく、アバディーンの夜の町は恐ろしい喧騒と怒号と嬌声が渦巻き、なかなか寝つけなかった。だが、一夜あけての翌朝は日曜日ということもあってか、町は深閑と寝静まり、あの騒ぎはどこに行ったのか不思議にさえ思えた。

こののどかな休息日、私たちは改めて町を見た。さすがに古い歴史を誇るこの町は、イギリス全土でも最高の水準を誇る高等教育のメッカであった。私たちは朝のうちにキングス・カレジのキャンパスと校内の礼拝堂を参観した。キングス・カレジは一四九五年に創設された伝統ある名門校で、のちのアバディーン大学の前身でもあった。

廃墟の城と美景庭園に囲まれた豪壮な城

キングス・カレジからそのまま南に進み、私たちは海岸沿いの九二号線を通って次の町、ストーンヘイヴンに入った。その町では海辺の絶壁に立つ古城ダンノッター城の城址が眺望できる。城は、かつてクロムウェル率いる大軍に対し、八か月もの間、軍勢わずかにして堅持され、スコットランド王室の宝冠を護り抜いたというエピソードを持っている。だが、ダンノッター城は、一八世紀のジャコバン派反乱を経て廃墟となった。時代の風雪に晒された城の佇まいは、苔むした断崖の頂上に建つせいか、北海の荒波を渡る風に吹かれ、いかにも侘しく、それでいて凛々しくも見えた。

ストーンヘイヴンをあとに九三号線で再び山道に入り、その山道を抜けると、打って変わって美しい城クラテス城が見えてくる。バンコリーの町から南東に下った辺りであった。まるでおとぎの国から抜け出てきたようなこの中世の城は、現在ではナショナル・トラストの管理・維持する広大な館で、その優美にデザインされた建物と四季を彩る花々が咲きそろう庭園が人々を魅了する。

館は四階建てで、四方には銃口窓が配置され、いかにも城の機能性を見せつける。だが、一旦室内に入ると、装飾や調度品の見事さにかつての所有者の財力が窺われる。庭の花々も若干時期を過ぎているようだったが、百花繚乱で艶やかな色合いを見せていた。木々の刈り込みも一本一本に変化をつけ、いくつもの囲みの生け垣が、おとぎの世界を演出する。

広大でありながら飽きることのない館と庭をゆっくりと散策したのち、再度ヒースの茂る山道を車で下り、静かな田舎町エーゼルに入った。ここで私たちはその夜の宿をとることにした。なかなかに格式高そうな三ツ星ホテルであった。

翌九月四日早朝、宿の近くの廃墟となったエーゼル城を見ることにした。庭の刈り込みにはラテン文字がデザインされ、幾何学模様に区画された花壇には、紫と白の花が植えられていた。また、庭の周辺には細かい模様が施された石壁が残っている。花の色合いといい、植え込みの配列の妙味といい、見応えのある庭園に感嘆はしたが、それとは対照的に、廃墟となった城の命運はいかなるものだったかと思いを巡らせてしまう。

エーゼル城は一一〇〇年にアボット家により築城された古城で、その後二世紀半の間にグレネスクのスターリング家、さらにはリンジー家の手に渡り、以後一八世紀にいたるまで増築や改築が重ねられた。また、粋を凝らした造園が施され、メアリー女王やジェームズ二世の来訪もしばしばあったという。しかし増築や手入れによって借財が嵩み、改築や造園のプランは完成されぬまま一七一五年、リンジー家はこれを手放し、パンミュアー家に売却した。さらに一七四五年には、ジャコバン派の反乱で政府軍に占拠され、城はすっかり荒らされてしまった。城の補修も滞り、借財を清算したうえで、城の最後の所有者となったのはダルハウジー家であった。現在、館は繁栄期の面影を失いはしたものの、国の管理下に移り、歴史建造物として保存されている。

流転の運命をたどる城の悲哀は豪華さゆえの結末であったかもしれない。しかし、スコットランドの古城が廃墟と化す例は稀なことではなく、巨大な石造りの城が荒涼たるハイランドの山間《やまあい》や谷間《たにあい》に残されているのを見ると、寂莫とした思いが胸を圧した。

イギリス王室縁《ゆかり》のグラミス城

エーゼル城から南下してパースに向かう道すがら、私たちは九四号線沿いに、まずはオーガス民族博物館、次いでグラミス城、さらにパースの入口付近にある今一つの城、スクーン城を見ることにした。オーガス民族博物館はスコットランド農業の歴史を辿る博物館で、地域農民の農耕に関わる用具や調度品などを収集し、その膨大なコレクションから当時の作物生産や日常生活の様相が窺える。キッチンや食卓に置かれた調度品、衣類、あるいは教会に履いていくよそゆきの靴などのリアルなコレクションはもとより、それを収める建造物そのものにも興味を惹かれた。六棟に分かれた平屋造りの建物は一八世紀に建てられたものだが、いかにも農家風の佇まいで、スレート屋根を敷いた石造の家屋の外壁は美しい草花に覆われている。ハイランド各所で厳《いか》つい城の造りを見てくると、どこか優しい人心地のよさが、その建物から伝わってくるようであった。

オーガス民族博物館はグラミス領内にあり、博物館のすぐそばには領主の館となるグラミス城がある。スコットランドで随一と言われる美しさと優雅さを誇るグラミス城は、一部が一般公開されているが、今もストゥラスモア・キングホーン伯爵が住まう館で、イギリス王室縁《ゆかり》の城としても知られている。

グラミス城は伯爵家の祖先サー・ジョーン・リオンとイギリス王ロバート二世の王女ジョアンナが結婚したことを記念し、一三七二年に築城された。以来、何世紀もの間に増築、改築を重ねて今日に至っている。壮大にして華麗な城の佇まいは、長い歳月の推移を経たからであった。またグラミス城は、しばしば王室の人々がここを訪れるなど、王室との繋がりが深いが、なんと言っても皇太后の住まいであったことから、エリザベス二世が幼少期をここで過ごし、そのことがまた一段と人々の関心を強めた。

室内の家具・調度品は一八世紀頃のものが多いが、繊細なデザインが隅々にまで施されている。ベッドやカップボードやタペストリーに見られる刺繍や彫刻は言うに及ばず、ビリヤード・ルームにある暖炉には、その中央のパネルに塡めた革を、あたかも木製であるかのように見せるため特殊工法で磨いて加工し、装飾しているという。

用途に応じ各部屋に飾られている陶器や絵画も、一七〜一八世紀にかけてのものが多く、国内外から収集された逸材が目を奪うような輝きを放っている。皿の一枚一枚に紋章が施され、家柄として当然とはいえ、すっきりとしたデザインで気品を添えている。また、オランダ美術の最盛期でもあったこの時代、肖像画の作者の中にはレンブラントやドゥ・ウエットもその名を連ねている。

物質的には恵まれて豊潤なこの城も、ハイランドにある他の古城と同じく、決して平穏無事な歴史を辿ってきたわけではなかった。時の王との確執、猜疑心による誤解などから死に追い込まれた家族の悲劇など、悲哀を物語る史実が残されている。ハイランドには、山間《やまあい》、谷間《たにあい》に古城が立ち並ぶ。なかでも東側の北部ハイランドには連なるように城が見られ、その城の数だけ戦闘と殺戮も繰り返されたのではないかと思えるほど、負の歴史をつくづくと知らされる。

スクーン・パレスの因縁

グラミス城を出てから再びパースを目指し南下する途中、ケルトの石碑があった。初期キリスト教時代の文様でシンボリックな絵柄であった。その石碑からほど遠くない所に、これから向かうスクーン城がある。城の呼称は、正確にはスクーン・パレス。そしてスクーンの町は地図の上から言えば、スコットランドの中心部にある。

現在あるスクーン・パレスが築かれたのは、古城の多いハイランド地方にあっては比較的新しく、マンスフィールド伯爵の命を受け、一八〇二年から一二年にかけて建築家ウィリアム・アトキンソンが建造にあたった。赤レンガ造りで中央と四方に塔があるが、全体の形状は長方形を成し、正面は広々と開けた前庭を展望する。城はムート・ヒルの丘の上にあるのだが、その場所にはもともとピクト人の古い集会場があり、やがて一二世紀初め、転じてアウグスティヌス派の僧院となった。スクーン・パレスの前身でもある。

僧院の建立を命じたのはアレキサンダー一世だが、世継ぎのアレキサンダー二世、三世のいずれもが、このムート・ヒルにある「スクーンの石」で戴冠した。以後、一七世紀に至るまで歴代のスコットランド王がここで戴冠する。そのためスクーンは、ローヤル・シティーとして歴史的にも重要な役割を果たすことになった。しかし、僧院は宗教革命のさなか、暴漢に襲われるなどの被害を受けて破損し、のちにルースベン伯爵のレジデンスとして再興されたが、ルースベン家を裏切り者と見なしたジェームズ六世により城は没収され、人手に渡ってしまう。現在あるスクーン城は、マンスフィールド伯爵が取得し、この古城を再興するに至った。

スクーン城は、グラミス城と同じく、所有者が居住しながら一般公開し、城内の見学を受け入れている。内部を飾る調度品や家具、美術品のコレクションが豊かで、陶器・象牙製品や時計など、室内に所狭しとばかり飾られている。また、庭の造形も、手の込んだ生け垣の縁が花々で彩られるなど、優雅な散策道を作りだしている。この伝説と美が漲《みなぎ》る城の維持費はいかばかりかと、途方もない経費の数字を読みようもなく、ひたすら驚嘆するばかりであった。その夜は栄華を夢枕に、パースに宿をとることにした。

九月五日、この日はスコットランドでの最後の旅路となるパースからスターリング、そしてエディンバラに向かう行程となる。パースの町はピクト語で言う木材や灌木材が町名の語源で、古くは八〇〇〇年も前からピクト人たちによってテイ川河口の低地から丘にかけて開拓してきた土地だという。近隣の町スクーンが国王戴冠の地ということから中世には人や物の交流が盛んになり、フランス・ベルギー・オランダ、あるいはバルト諸国との交易で絹やワインを仕入れ、逆に町からは麻・革・ウィスキーなどが生産され輸出されていった。

パースの町が今一つの理由で名を馳せるのは、この地がスコットランドにおける宗教改革の発端を切ったという謂れである。一五五九年、改革家ジョン・ノックスが、町内の聖ジョーンズ・カーク教会でスコットランド教会の腐敗を糺す説教をしたのが革命のきっかけと言われ、パースはジャコバン革命の嵐に晒されることになった。町に平穏が戻るのは一七六〇年以降のことで、やがて一九世紀の産業革命期にはパースを拠点とする鉄道路線が近隣の町を結び、従来型の交易に沸く町として栄えるようになる。

朝のうち、私たちは近くにあるジョン・ノックス教会を見たいと訪れたが、あいにく時間が早すぎて入堂できなかった。そこでそのまま南下し、昼ちょっと前に次の町スターリングに入った。パースからは国道九号線の内陸部寄りの道を三時間ほど下りると、フォース湾の深い入江に流れ込むフォース川河口の沿岸部にその町はあった。

豪邸スターリング城に潜むメアリー女王の悲運

スターリングは湾を経て外洋に面することと、そこがハイランドへの入口であることから、ハイランドの防衛的役割を早くから担ってきた。そのうえ、スターリングはローランドとの境界線とも近く、ハイランドのみならずスコットランド全体にとって戦略的に重要な拠点であった。実際、バイキングなどによる外部からの侵入が、ここで食い止められたという叙事詩も残っていて、町は堅固な要塞で守られている。

スターリング城は、中世スコットランドにあっては長い間スチュワート王朝の居として栄え、城内にあるルネサンス宮殿は、豪華さと優美さにおいて、当時のヨーロッパのどの城にも引けを取らなかったという。また、宮殿内には古くから教区の教会として機能していたホーリールード教会があり、そこでジェームズ六世が戴冠した。ジェームズ六世と言えば、かつて歴代のスコットランド王が戴冠していたスクーン城を城主のルースベン伯爵から没収した人物に他ならない。王権と土地の氏族や貴族との結びつきは、スコットランドのどこに行っても歴史に残る逸話を生みだしている。

私たちも町に入るなり、丘の上に建つスターリング城を訪れた。三方を絶壁に囲まれ、いかにも要塞堅固な構えで人を寄せつけない厳めしさを感じさせる。しかもかつて一五世紀には王権を確立させるため、ジェームズ二世はその王位を脅かす強力な氏族をこの城の夜会に招いては殺害したという、おぞましいエピソードがまつわり、どことなく不気味な思いすら抱いてしまう。さらに城が建つスターリングの町はスコットランド独立戦争に巻き込まれ、近隣にはその際の激戦を偲ばせた史的スポット、バンノックバーンがある。一三世紀以来続くこの血なまぐさい過去の歴史が、一層、スターリング城の印象を重たくさせてしまう。

こうして一見、強面《こわもて》の表情を持つスターリング城だが、城内にある宮殿はすでに触れたとおり、当時のヨーロッパ・ルネサンス文化の粋を凝らした趣を持つ。それがルネサンス宮殿と呼ばれる由縁でもある。もともと一四世紀に建設された宮殿は、一五〜一六世紀のスチュワート王朝時代に幾度か改築され、フランス・ドイツ・イギリスの建築様式をふんだんに取り入れていった。

一方この宮殿は、ジェームズ五世の後継者であるメアリー女王とも深い関わりを持っている。それは、メアリーがこの宮殿で幼少期を過ごし、生後六日にしてここで戴冠し、やがて成人してからは第二の夫ダーンリー公とここで結ばれたからである。

メアリーは政情の不安から幼少にして身の安全のためにスターリング城に匿われていたが、急逝した父の後を継ぎ戴冠した。その後スコットランドでは皇太后となる母が幼い女王の摂政を務め、片や当のメアリーはスコットランドとの友好を求めていたフランス王の申し入れで、六歳にしてフランス皇太子との結婚が決められ、フランスに送られた。

メアリーは結局一二年にも及ぶ少女期をフランスで過ごし、フランスへの傾倒とカトリックへの信仰を強めていった。だが、その強靱な信仰とフランス寄りの姿勢がプロテスタント化した祖国では反発を強め、それが反メアリー派のプロテスタント擁護者と好メアリー派のカトリック擁護者を巻き込んでのスコットランドにおける内紛へと転じていく。

さらに、物事をより複雑にしたのは、スコットランド女王メアリーとフランスの皇太子フランシスとの婚姻の陰で結ばれた密約であった。それは、両者の結婚により、フランスとスコットランド間の友好的結びつきを約束するもので、フランスにとってはイングランドに対抗する基盤造りの絶好の機会であった。メアリーとフランシスとの結婚は一五五八年に実現し、翌年皇太子がフランシス二世としてフランスの王位に就くや、メアリーもまたフランス王妃の位に就いた。だが、成婚早々の一五六〇年、フランシス二世は早世し、メアリーは王妃の座を辞して一五六一年、スコットランドに帰国する。

帰国後のスコットランドでは、摂政を務めていた皇太后がプロテスタント擁護派に傾倒していたこともあり、メアリーの立場は盤石ではなかった。プロテスタント擁護派の氏族たちはスコットランドとフランスとの友好同盟を阻止しようと、イングランドのエリザベス女王を王位継承権のあるフランス王座につける提案をもって、イングランドを味方に引き入れようとしていたからである。イングランドもまた、スコットランドとフランスの結びつきを崩そうと、これに同意する。そのため、スコットランドで発したプロテスタント擁護派とカトリック擁護派との抗争は、結局、フランス・イギリス・スコットランドの王位継承権を巡っての三つ巴戦を展開していった。

そのなかでメアリーは、フランスから帰国後の四年目、ダーンリー公ヘンリー・スチュアートと再婚する。ダーンリー公とメアリーは従姉弟同士で、ダーンリー公の母方の血筋からすれば、彼もメアリーもともにスコットランドとイングランドの王位継承の系譜を持つ。二人を結びつけたのは、むしろこの王位継承を巡る政略結婚でもあった。結婚した翌年、二人はスターリング城を離れ、エディンバラ城に移った。二人の間に儲けられた皇子が、のちのジェームズ六世であった。

旅の終着点は因縁籠るエディンバラ城

この厚巻の歴史を持つスターリング城を後にして、九月五日の午後遅く、私たちは旅の終着点エディンバラに入った。翌九月六日は前夜の雨が嘘のように止み、雨上がりのエディンバラの朝は生気を取り戻したような清々しさがあった。午前中、今までの長旅をひた走りに走った車を返すこととした。全走行距離八五五マイル。キロ数に換算すれば一三六八キロメートル。思えばスコットランドでの走行はいくつもの山や谷を越えたが、どこも走りやすかった。一つには、無理なくハンドルが切れるよう山道の高低や傾斜を考慮した道路造りができているように思えた。道幅は必ずしも広くはない。しかし、走る車体をそのカーブに載せれば、滑るように走っていく。その走り心地は忘れられない。

車を離れた私たちはいよいよ日がな一日、徒歩でのエディンバラ観光を楽しむことになった。すでに前日の六日午後、散歩と買い物を兼ねてプリンセス通りを歩いたが、本格的な観光は七日午前中のエディンバラ城見学で始まった。途中からあいにくの雨となったが、最初に訪れたセント・マーガレット聖堂は、こぢんまりとして美しい佇まいが魅力的であった。聖堂はエディンバラ城にあって最も古い建物で、その起源は一二世紀初頭に遡る。

スコットランドの首都エディンバラの市内には七つの丘があり、その一つが城の建つ丘カッスル・ヒルであった。丘にある火山性の岩盤カッスル・ロックが城の礎となっている。城は、高所にあって断崖を背にもつその地形から、古くは一二世紀頃から要塞の役割を果たしてきた。スコットランドのみならず、絶えずスコットランドの支配を狙っていたかつてのローマやイングランドにとっても、この要塞は戦略上重要な意味を持っていた。

この礎の上に建つエディンバラ城が城としての機能を政治的に果たしたという記録は、一一世紀マルコム三世の時代に遡り、その王妃がセント・マーガレット聖堂に名を遺したマーガレットであった。爾来、城は要塞であると同時に王室や政治の中心をも担うようになった。その後、一三世紀になり、スコットランド独立の命運をかけた二度のスコットランド独立戦争の折には、城はイングランドとスコットランドのせめぎあいの場となり、奪ったり奪われたりすることが繰り返された。また、一五世紀頃には、城は武器倉庫や弾薬庫となったが、その時期、王宮の住まいとしての宮殿が建造されている。

宮殿は、エディンバラ城から一マイル離れた逆の極にあり、二つの建物を結ぶ道をローヤル・マイルと呼ぶ。その宮殿ホーリールードハウスは、ホーリールード僧院に続く建物で、その頃、王室の人々がしばしば僧院を訪れるようになったことから、ジェームズ四世により建造された。その皇子ジェームズ五世は五歳の時にこの城に移され、のちにスターリング城に入るが、その世継ぎであったメアリー女王は逆に、ダーンリー公との結婚後、一五六六年にスターリング城からここエディンバラ城に移っている。

メアリー女王とダーンリー公はともにカトリック信徒であったため、プロテスタント擁護派を始め二人への風当たりは強かった。しかし、結婚後しばらくしてダーンリー公はプロテスタント擁護派に転じ、もともと性格の不一致をみていた二人であったが、ダーンリー公が女王のイタリア人秘書を殺害したことから、二人の結婚は破局をみる。メアリー女王に疎んじられたダーンリー公はメアリーと別居するが、別居後しばらくしてダーンリー公は何者かの手でその館を爆破され、命を落とす。暗殺の疑いはやがて、メアリーに執拗に近づいたボスウェル伯爵の陰謀とも取り沙汰されたが、事実は解明されていない。だが、結末としての史実は、メアリー女王にとっての第三番目の結婚相手がボスウェル伯爵であったことである。

ボスウェル伯爵との結婚で不評を買った二人は、やがて人々の激しい抵抗に晒され、メアリーはエディンバラ城を離れてロッホ・レヴン城に幽閉された。そのうえ、皇太子ジェームズに王位移譲を余儀なくさせられる。メアリーは再興をはかったが失敗し、すでに触れたとおり、イングランドに逃れて従姉妹のエリザベスに庇護を求めた。しかし、エリザベス暗殺の疑いをかけられたメアリーは斬首の刑に処せられる。たまたまメアリーにも正当なイギリス王位継承権があり、そのことが悲運のカードをメアリーに握らせたのかもしれない。

氏族と氏族による力のせめぎあい、それに絡む王位継承権を巡る画策、さらにはそれが波及して外国勢力との結束や抗争にも発展しかねないスコットランドの歴史は、地縁・血縁・因縁が絡む壮大なドラマを作りだした。思えば、そのドラマのクライマックスを演じた舞台がスターリング城であり、エディンバラ城であったのかもしれない。

それにしても、フランスの温暖な気候と広々とした大地にスコットランドが惹かれるのは理解できても、逆に、フランスはなぜローマさえ関心を示さなかったスコットランドに執着をみせたのだろうか。それはノルマンがイギリス征服を果たしたことへの面子なのか。それともプロテスタントに包囲され孤立したカトリック勢への支援なのか、それとも北欧への護りなのか、あるいは単なる王権拡張への足がかりなのか、複雑に絡みあう謎解きに、興味は尽きない。

エディンバラ城から少し坂を下り、エディンバラにおけるスコットランド教会の総本山セント・ガイルズ教会を拝観する。一二世紀に遡る建築と言われるが、内部は太い四本柱に支えられた重厚な建物で、聖書の物語で飾る壮麗で有名なステンドグラスは、実は一九世紀に塡め込まれたものだという。セント・ガイルズ教会からタクシーを拾い、私たちはロイヤル・マイルの終着点ホーリールード宮殿を訪れた。そこはスコットランドにおけるメアリー女王の栄華を偲ぶ縁《よすが》の城であった。

一六世紀以来、ホーリールード宮殿はスコットランド代々の国王や女王の館であったが、現在はイギリス国王がスコットランドで滞在する時の公館となっている。宮殿は一六世紀にジェームズ四世によって建てられた本来のゴシック様式に、塔やウィングが付けられるなど、何度も増設され手が加えられた。現在私たちが目にするバロック様式の建築は一七世紀に改造されたものだという。

増設が繰り返されて当然のこと、宮殿は部屋数も多く、その各部屋にそれぞれの趣向が凝らされ、一六世紀から一七世紀にかけてのフレスコ画や壮大な天井画で飾られている。「女王の部屋《クイーンズ・アパートメント》」として知られる北東タワー。「王の部屋《キングス・アパートメント》」として知られる南ウィングや西ウィング。それぞれが、かつてスコットランドの華々しくも壮絶な歴史を刻んだメアリー女王や歴代の王たちが過ごした生々しい生活の場であり、政治の場でもあった。

九月八日、スコットランドでの最後の日、私たちはエディンバラにあるスコットランド国立肖像画美術館を訪れ、肖像画や骨董の蒐集を見て楽しんだ。三人で最後の昼食を摂り、しばらく街を散策してホテルに戻った。預けておいたスーツケースを受け取り、ウィーバリー駅まで出れば、いよいよそこでスコットランドでの「旅の同士」は別れ別れとなる。同僚夫妻は再びパリに戻り、そして私はそのままイギリスのニューカッスルに列車で向かう。

約二週間。長いようで短い旅。時間だけで推し量れば陣腐に過ぎぬ表現となるが、スコットランドの歴史を振り返り、振り返り見て回る今回の旅は、時間には換算できない旅でもあった。思わず感深くしてその余韻を懐かしむように車窓から外を見れば、イングランドの平原はスコットランドのアップランドとさして変わらぬ景色の続きでもあった。

スコットランドの余韻残るイングランド

イングランドに入って間もなく、ニューカッスル駅で下車し、私はそのあと一両日を、初めて見るイギリス北部で過ごした。それは、ニューカッスルから北上し、奇しくもハドリアヌスの長城の見学から始まった。これぞ今離れてきたばかりのスコットランドとの暗黙の境界線にほかならない。思えば古代ローマが築いたこの城壁が、その後何年にも及ぶスコットランドとイングランドのせめぎあいを創出することになる象徴ではなかったか。

強風吹きすさぶなか、ローマン・ウオールの土壌の上を歩いてみた。見晴らしが利き、地の利を得た長城の構築の技に驚嘆する。北方からの侵略に備えての長城は、本来はスコットランドを狙う北欧バイキングを見据えたものであった。しかしローマ風呂で知られるバースを始め、多くのローマ遺跡はスコットランドではなくイングランドに残されている。植民地化を目指したローマにとり、占領して魅力ある土地はイングランドでこそあれ、スコットランドではなかった。

それにもかかわらずイングランドは、なぜ執拗にスコットランドに攻め入ろうとしたのであろうか。皮肉なことにハドリアヌス長城は、ローマが意図した北欧対スコットランドの防衛線ではなく、イングランド対スコットランドの対決の場となっていったのである。

ローマン・ウオールを見たのちは、南下してランカシャーを抜けヨークシャーに入った。一九世紀のイギリスの姉妹作家ブロンテ家縁《ゆかり》の地ハワースを訪れるためであった。ハワースはブロンテ一家の住まいを残したミュージアムもあるが、ここはブロンテ一家がのちに移り住んだ所で、エミリーが生まれた所ではない。しかし、ハワース周辺に広がる荒野こそ、のちの『嵐が丘』の背景となる原風景であった。

身を切るように冷たい風の吹きぬける荒地。墓場のある前庭。灌木以外、木の茂みもほとんど見られない荒涼たる敷地。『嵐が丘』に咲くヒースは、おそらくそんな環境の中で数少ない花の色香を漂わせていたのかもしれない。

寂涼としたハワースの世界は、どこかスコットランドの山間《やまあい》に広がるグレンの趣と似たところがあった。ただ、起伏の少ないこの地方は、グレンほどの孤立感がない。とはいえ、ハワースに限らず、ヨークシャーの牧農地帯は、あの南フランスに広がる夏の気怠《けだる》い草原とは違っていた。

ハワースの帰り、ヨークシャーの町に出た。至る所城壁に囲まれ、おごそかでもあり厳めしくもある。それは、町の中央部を成す英国国教会の総本山「大聖堂《ミンスター》」のせいかもしれない。聖堂は中世ゴシック建築の粋を集め、その壮大な美は、さすが総本山の寺ならではの貫録があった。

翌朝はダーラムの町に入り、カトリックのダーラム教会でミサに与った。そのあと教会に隣接する大聖堂を見学し、ここでは英国国教会の礼拝にも与った。英国国教会はかつてヘンリー八世の時にカトリックから分派した新教派であるが、儀式や礼拝のしきたりを定める典礼においては、およそカトリックのそれと似たところを堅持し、むしろ今のカトリック教会にはない昔ながらの風習を偲ばせる儀式で拝礼された。新教派とはいえ、イギリスの典礼を重んじるハイ・チャーチのもっともらしいおごそかさはそこから来ているのであろうか。

ダーラムで半日を過ごしてのち、私は再び列車に乗ってロンドンに向かった。天気はダーラムを出る頃から荒れ模様となり激しい風に晒された。ロンドンに着くと、雨は多少残ってはいたが北の町とはほど遠い温かさがあった。雨上がりのせいか、土地の気候のせいか、九月頃のロンドンらしい定まらない気候であった。

今回スコットランドを回り、そこからイングランドの北町を通ってロンドンへ下ると、大ブリテン島の孤高たる世界が伝わってくる。大陸や北欧諸国の王室と交わりながら王権を拡大し、戦と融合を繰り返しては、かくも壮絶な国境を巡る争いを繰り広げていった。イングランドが欲しがったスコットランド。イングランドから離れて己の伝統を維持したかったスコットランド。やがてそれらの統合は、今一つの島アイルランド島をも巻き込んで、大ブリテン連合を全うする。

日本と同じく海に囲まれ、海を介さなければ国境を知らない島国のイギリス。ブリテン島の国境に秘められた凄まじさが、改めて国境を巡る過去の歴史の複雑さを彷彿とさせるのである。

第三章　アイルランドの悲劇——宗教革命と利権に呑みこまれた国境線

先の旅で巡ったスコットランドとイングランド、それにウェールズを併せ擁するのがブリテン島。今回の舞台となるアイルランド島は、ブリテン島のつい鼻先にある別の島の話である。特筆すべきは、アイルランド島にはダブリンとベルファーストの二つの首都があることで、ダブリンはアイルランドに、ベルファーストは英領北アイルランド自治区としてイギリスに帰属する。これこそが一つのアイルランド島を二分する悲劇——つまり、積年のイギリス・アイルランド間の国家的確執と歴史的宿命を負って、アイルランド島を激しい内紛に陥れた経緯を象徴する事実である。

二分されたアイルランド島——激化する内紛とブレア首相の和平提案

そもそもアイルランド島を南北に二分することになった直接の発端は、アイルランドが一九三八年に「グレートブリテン及びアイルランド連合王国」から離脱し、四八年には「アイルランド共和国法」の制定により独立を謳ったが、ベルファーストを含む北端の地がこれに同調せず、イギリスに留まったことにあった。それが今日の英領北アイルランド自治区である。

その後、北アイルランドでは少数派カトリック系住民が分離独立して「アイルランド」への帰属を望んだが、これを阻止しようとする多数派プロテスタント系住民との間で内紛となった。事態が容易に収まらない中、一九六〇年頃からは北アイルランド全土を「アイルランド」に併合させようと、武装した「アイルランド共和国軍（Irish Republican Army, IRA）」が実力行使を目指して結成され、事態は一層混迷する。

双方の衝突は、やがてＩＲＡに限らずアイルランド共和国警察軍、カトリック系の北部市民連合、北部プロテスタント派、それに正規補助部隊も関わっての大規模な武力闘争となり、三〇年以上に及んで長期化する。テロ行為は次第に島内に留まらず、対岸にあるロンドン市中にも波及した。この事態に、和平を求める声は広くイギリスでもアイルランドでも起こるようになり、いくつかの交渉が重ねられ、一九九九年、イギリスのブレア首相の仲介を受けて暫定的和平合意に漕ぎつけた。その成果あって、二つの町は今では、表向きには平和裏に共存する。

ブレア首相が提案した和平提案とは、まず「アイルランド共和国軍（ＩＲＡ）」の武装解除であった。これにはＩＲＡも同調し、停戦は実現する。しかし、ＩＲＡが求めた北アイルランドの自治は実現できておらず、永久和平は成り立っていない。それが表面的和平と認識されている所以である。

こうして不安材料を抱えたまま水面下で燻る二者の関係は、紛争の根が単に一九四八－四九年のアイルランド独立や、それに続く六〇年代からの対立だけではなく、より古い時代にまで遡る。しかも事を複雑にしたのは、その根がアイルランド、イングランド、スコットランドを三つ巴に組み込んでの闘争に展開したからであった。

島として見たアイルランド

地図を見ると一目瞭然だが、アイルランド島はアイルランド海を挟んで、イングランドやスコットランドを擁するブリテン島の懐に抱かれたように対峙する。懐に抱かれるというにはいささかアイルランド島が大きすぎるが、北海に浮かぶブリテン島とアイルランド島は切り離せないほどに寄り添っているのである。

そのアイルランド島北端に近い所にダブリンもベルファーストも位置し、アイルランド海の沿岸都市部を構成する。二つの都市のうち南寄りのダブリンは、アイルランド海を挟んでイングランドのリバプールと、北寄りのベルファーストは英領マン島を挟んでスコットランド西南端のポートパトリックと対峙する。ポートパトリックは、ハドリアヌスの砦付近でグラスゴーの南方となるが、小さな漁村ながら小規模なゴルフコースを擁し、ノース海峡に面した絶景と温暖な気候で、世界のゴルファーたちを魅了するという。

しかし、イギリスとの関係に限って言えば、ベルファーストはアイルランド海が最も狭くなった所でブリテン島に対峙する。そのためベルファーストは、距離的にはイギリスには極めて近く、ダブリンとの微妙な位置関係の差が英領アイルランドの運命を左右することになったのかもしれない。

二〇〇三年の秋、私はこのアイルランドの二大都市を繋ぐ鉄道に乗り、ダブリンからベルファーストへ向かった。それは、私が属しているNGO団体、国際大学女性連盟（IFUW）の加盟国アイルランドから、当時会長であった私に、地元で開催される年次大会に出席して欲しいという依頼があったからである。

日本からは、ロンドンのヒースロー空港まで行き、そこからブリティッシュ・ミッドウエイ航空の一九時四五分発ダブリン行き直行便に乗れば、二一時ちょうどにダブリンに着く。わずか一時間一五分。その旅《フライト》は、単純に地図から読めば、東のロンドンから西のリバプール方面に向けてイングランドを横断し、あとはアイルランド海を越える時間となる。そのため、飛行機も小型で、ローカルの旅に出るような気安さがあった。

夜の空港にはアイルランド協会のエレノアが出迎え、宿舎まで送ってくれた。郊外の閑静な住宅街にある清潔で快適なホテルは、都会の高層ビルとは違って、むしろ民宿のような家庭的な温かさがあった。

大学と産業の町、ダブリン

翌朝一〇時半頃であったろうか。アイルランド協会の人が街を案内したいと、観光に誘ってくれた。アイルランド切っての収蔵を誇るアイルランド国立美術館へと向かい、そこで謎深いカラヴァッジョの名画「キリストの捕縛」などを鑑賞する。もともとこの名画は、イエズス会のセミナリオにあったものを二〇世紀末期、修道院改築の折に美術館に寄贈されたという。だが、この名画こそは、所在の由来や実存さえもが謎に包まれ、四〇〇年間もの間、行方のわからぬまま幻の名画とされていたものであった。

昼になり、市内に住むアイルランド協会の会員たちと、ダブリン大学の会員クラブで会食することになり、街中に出た。その後は近くにあるダブリン大学の構内を散策しながら建物の外観を眺望する。

ダブリン大学（University College Dublin, UCD）は、一八八〇年にアイルランド・カトリック大学を母体に設立されたアイルランド最大の総合大学で、国立アイルランド大学（National University of Ireland）の構成メンバー校でもある。その後、UCDは多数・多様の学部を擁するようになり、手狭になって街中から四キロ離れたベルフィールドに移転した。移転計画は二〇〇五年から一〇年間をかけてのことであったので、私が訪れた二〇〇三年にはまだ大部分のキャンパスが街中にあった。ちなみに、ダブリン大学はダブリンにある今一つの大きな大学、トリニティー大学（Trinity College, University of Dublin）とは別で、そちらの方は翌日、見学することになっていた。

ダブリンの町はリフィー川河口にあり、すでに触れたとおり、島の東側でアイルランド海に面している。そのため海洋都市として発展したダブリンは、もともとは北方バイキングの拠点となるダブリン王国として築かれた。ノルマンによるイングランド征服、それに続くイングランド・ノルマン王朝によるアイルランド征服以後、ダブリンはアイルランドの中心的都市となっていった。

ダブリンが発展したのは一七世紀頃からで、今現在、その人口は一〇〇万人を超し、他の地方都市と比べれば人口密度においても群を抜いている。かつてイギリス連邦にあっては、連邦の中でも二番目に大きな都市であった。

町の発展は主に港町として貿易に支えられてきたが、やがて金融のメッカとして、また現在ではハイテク産業やICT産業、それに医薬品産業でも世界をリードする。当然、街の中心部には高層ビル群が並び、交通の要所としての機能もあるが、軽工業が主流を占めるダブリンは、重工業の町として栄えたコークやベルファーストとは違い、どこか落ち着いた都市の趣《おもむき》が窺える。

翌朝一〇時半、再びエレノアが迎えにきて、今度はバスに乗って町の中心地区へ出ることになった。トリニティー大学を訪問するためである。大学は一五九二年に設立され、エリザベス一世が「大学の祖」としてトリニティー大学に憲章を発布したことでも知られている。それがアイルランド最古の大学と言われている所以でもある。

大学の正式名称はダブリン大学トリニティー校（Trinity College, University of Dublin）だが、ダブリン大学（University of Dublin）でも正規呼称として通用する。というのも同大学はオックスフォードやケンブリッジを模し、いくつかのカレジ群を擁する大学として建設されたが、実際には、カレジはトリニティー校のみであり、そのためUniversity of DublinもTrinity Collegeも同意語となっているのである。ちなみに日本では、大学名称に総合大学や単科大学の別を明記しないため、トリニティー校はトリニティー大学と呼ばれ、それによってダブリン大学と区別する。

大学運営の構成メンバーについては細かく憲章に規定されているが、トリニティー大学は国政の選挙区となる資格も付与され、国の立法府に対する影響力もあってそれなりに権威や格式を保ってきた。だが、それだけにイングランドとの関わりのなかで宗教改革の波に翻弄され、カトリック信徒の入学を認めない時期が長く続いた。

一方で、トリニティー大学は他大学に先駆けて一九〇四年に女性の入学を認め、そのためアイルランドにおける女性の高等教育促進への先鞭をつけたと言われている。だが保守的な風土も根強く、大学はそれまで女性の入学を頑なに拒んできた。総長の一人ジョージ・ソルモンは、「私は死して、自分の頭上を女の靴で踏まれたくないのだ」と女子学生の入学を拒んでいたという。トリニティー大学では、ウェストミンスター寺院と同様、大学運営に深く関わった人たちに敬意を表し、その遺骸を地下に埋葬するしきたりがあったからである。もっともソルモン総長は、奇しくも大学が女子学生を受け入れた一九〇四年に逝去したが、大学ではなく外の墓地に埋葬されている。やはり先を見越し、女の靴で踏まれることを嫌ったのであろうか。

それにしても壮麗な建物は長い歴史の経過を偲ばせ、伝統と威厳に満ちていた。世界的にもその名が知られる図書館には、大学自慢の古書『ケルズの書（Books of Kells）』が、天井近くまで積み上げられ、文字通り圧倒されそうであった。その中でも印刷された聖書の初版本（グーテンベルグの聖書）は美しい色が失われずに保たれ、保存の見事さが印象的だった。

大学総長がその日三時に面会するというので、私たちは総長室を訪れた。表敬訪問に過ぎず儀礼的な話題に留まったが、そのあと見事な調度品に囲まれた総長公邸の各部屋を案内され、最高学府の公邸もまた、揺るぎない富と権力の場であったかと痛感する。

夕刻近く、アイルランド協会のメリッサ会長の案内を受け、国立劇場のコンサートホールでアイルランド室内管弦楽団のガラコンサートを聞いた。プログラムはヘンデルが主軸であったが、イギリスに長く在住し、多くの作品をここで創作したヘンデルは、イギリス人にとってはドイツ人の作曲家というよりも、あたかも自国の人として親しまれている。アンコールではヘンデルの「オンブラ・マイ・フ（懐かしい木陰よ）」としても知られるラルゴが演奏され、その夜、名曲の音に酔いしれた人々には無論、ドイツもイングランドもアイルランドもなく、国境の翳り一つない平和な夜が満ち満ちていた。

ダブリンからベルファーストへ ―― 国境を越える小旅行

明日はいよいよアイルランド協会の年次大会が開かれる北アイルランドのベルファーストを訪れる。それにしてもなぜ、ダブリンに次いでベルファーストを訪れるのか。その答えはアイルランド大学女性協会が貫く強い信念にあった。

国際大学女性連盟（ＩＦＵＷ）の規約では、二、三の例外はあるものの、各国の加盟団体は一国につき一団体しか加盟できない。したがってアイルランド協会は、本来、アイルランド共和国を代表する唯一の加盟団体となる。そのため、イギリスに帰属する北アイルランドの協会員はイギリスの協会に属さなければならない。それにもかかわらずアイルランド協会は、北アイルランドの協会員をもその構成員とする。理由は、アイルランド協会がＩＦＵＷに加盟した年が北アイルランド分離前の一九二四年だったという国情にもよるが、お互いの間にある強い絆から、会員はあくまでもアイルランド国民ではなく、アイルランド島民なのだという断固とした信条をもっているからである。たとえ島が政治的に分断されようとも、島を主体的に構成する島民にとっては、あくまでもアイルランドはアイルランドなのだという原理である。

このアイルランド協会の考え方は、アイルランド共和国と北アイルランドの間に激しい対立が生じて武力闘争に陥っても一貫して変わらなかった。その信念は、共和国と英領アイルランドの一般市民にとっても、両者間にある頑ななわだかまりを解くうえで、また、裏に強く潜んだ和平への渇望を満たすうえでも、大きな支えになってきたという。その和平に向けての一貫した主張をＩＦＵＷは尊重し、国別では決め難い連携のあり方を持続したのであった。

そこで、一見複雑なアイルランド協会の組織上の仕組みをできるだけ簡素化しようと、彼らは単純に、毎年の全国総会を隔年でダブリンとベルファーストで開いている。そして、その年は北のベルファーストで開催される順繰りとなっていた。もっとも、地域単位の活動はそれぞれの地域で行ない、アイルランドではダブリンを中心とするダブリン大卒者の会が、英領アイルランドではベルファーストのクイーンズ大卒者の会がそれぞれに活動する。実地に即した活動と精神的な団結を上手く調和させながら、アイルランド島の協会会員は武力ではなく、知力に訴えて和平闘争の一翼を担ってきた。改めて政治が決める国境と、生活圏を持つ島民が考える国境との間に、大きな隔たりがあることを見せつけるものであった。

このアイルランド協会員の熱い思いを胸にベルファーストへと旅立つその日、私は前日と同じく、人気の少ないホテルの食堂《ダイニングルーム》で朝食を摂った。お気に入りのニシンのグリルに加え、その日はアイルランド伝統のブラック・プディングとホワイト・プディングがミックスされたものを選び、共和国も北アイルランドもないアイルランド島に伝わる風味を味わった。わずかな日数の滞在にしてはいささか大げさだが、それだけ国家を異にするダブリンからベルファーストに向かう思いが私には強くあった。

一〇時過ぎ、迎えにきたダブリン在住の会員とともに私たちはダブリン駅に向かい、そこから午前一一時発の北アイルランド鉄道でベルファースト行きの列車に乗った。ゆったりとした座席に落ち着き、そぞろ会話が弾んだ頃、席にクロワッサンとコーヒーが運ばれてブランチとなる。大きな車窓からふと外を眺めれば豊かな緑が広がり、羊や牛が群れて草を食んでいた。午後一時五分、列車はベルファーストに着き、わずか二時間ほどの列車の旅は終わった。

車中でも改札口でも特に国境を越す検閲も手続きもなく、二時間の旅の途中、二つの都市を隔てる「国境」があろうとは実感する余地もなかった。しかし、一旦ベルファーストに入れば、そこはイギリス領内となり、少なくともダブリンの通貨ユーロは通用しない。ユーロ制を採らないイギリスと同じく、英ポンドが通貨だからである。その違いこそがこの二大都市を分ける象徴のように思えた。

ベルファーストの町で見たもの

駅ではベルファーストの会員が出迎え、その夜から二夜、私に宿を提供してくれるマリオンの家へと向かった。家に着いてみれば辺りは静かな住宅地で、瀟洒な佇まいの家がそこかしこに見られた。

だが道中、車の窓越しに見た町の風景は、都会的なダブリンに比べればどこか殺風景でまとまりがなく、あえて言えば後進的な気配が漂っていた。駅から街中を抜けて郊外へ通じる道がたまたま街道筋で、大都会にありがちな高層ビルが連立していなかったからかもしれない。所どころ工場や倉庫の建物も散見され、個人の店舗と住まいを兼ねたような平屋か、せいぜい高くても二階建ての木造住宅が並んでいた。古色蒼然とした時代の重みを感じるでもなく、それでいてどこかひと昔前を思わせるような街並みだった。ただ、建物の外壁にはかつての激しい内紛を偲ばせる弾痕がいくつか見られ、これが北アイルランドの現実なのかと痛ましい過去を振り返ってしまう。

ベルファーストの町はもともと良港に恵まれ、ダブリンと同じく港町として発展した。ダブリンがリフィー川河口にあるのと同じく、ベルファーストもまたラガン川河口にあり、それぞれの位置関係が類似する。あえて両者を比較すれば、地図で読む限り、ダブリン港の方が海への開口部分が広く、南下して大西洋に出るルートが近いのに対し、ベルファーストは狭い海域ながら北方周りで大西洋に出られるということであろうか。

いずれにせよ、ベルファーストもダブリンも、ともに海洋貿易にあっては地の利、水の利を占め、そのことが町の発展に寄与したことは間違いない。この類似した条件と近隣同士の位置関係から、近辺一帯は「ダブリン＝ベルファースト回廊」として知られ、そこには相互に潤す経済的な相乗効果も強く働いてきた。

ベルファーストの具体的な発展は、古くはリネン産業に負うところが大きかった。やがてリネンを中心とした紡績工業が盛んになると、必定、生産物の輸出に弾みがつき、活発な貿易を促していく。さらに貿易業は造船業や発動機生産などの重工業を育み、一方、紡績工業自体も、船舶や船荷を縛るのに必要な荒縄の生産を創生するなど、連鎖的にベルファーストの工業化を推し進めていった。

これらの産業のほか、ベルファーストは煙草産業でも名を成しているのだが、すでに触れたように、ダブリンの町の発展がどちらかと言えば軽工業に負っていたのに対し、ベルファーストは重工業を中心に発展していった。ことに造船業による賑わいは格別で、港湾ドックへの船の出入りを活発にし、一層の活気を呼び込んでいった。因みに二〇世紀初頭、世界最大級の豪華客船と称されたタイタニック号も、ここベルファーストのハーランド・アンド・ウルフ造船所で建造されている。

こうして一八世紀以降、産業革命の核心地であったベルファーストは、一九世紀になると商業都市から産業都市にと急速に発展した。当然、ベルファーストの繁華街とも言うべき町の中心部に行けば、ダブリンの賑わいと変わらないものがあるのかもしれない。

ただ、ベルファーストの町の興味深いところは、これら賑やかな商業中心地区と、歴史を重ねた政治・文化中心地区とが明確に区分けされ、北に商業都市、南に政治・文化中心地区が配されていることである。ちなみに近年では、政治・文化中心地区の中でもことさらユニヴァーシティ・エリアが強調され、それがクイーンズ大学周辺であることは言うまでもない。

ベルファーストの市庁舎を訪ねて

その日私たちは、政治中心地のシンボルでもある市庁舎を午後三時半に訪問した。市庁舎はダンエゴール広場（Donegall Square）〔註　広場の名称はDonegallだが、行政区分としてはDonegalとなる。読み方は変わらない〕に面して建ち、復古調のルネサンス様式を取り入れたバロック建築で、ドームを四方に持ち、どっしりと構えていた。一八世紀以前、ベルファーストのリネン工場として使われていた建物の敷地跡で、今も市庁舎裏門の外には「リネン通り」が走り、アイルランド貿易を支えてきた往時のリネン産業の栄光が偲ばれる。

市庁舎の建造は一八九八年に着工され、一九〇六年に完成した。それは、一八八八年、ヴィクトリア女王が初めてベルファーストを訪問し、寒村に過ぎなかった町を行政都市に格上げしたことを記念しての行事でもあった。市庁舎は現在、北アイルランド議事堂として北アイルランド全般にわたる政治の中枢を担っている。

建物内部に入ると、一面に大理石が敷き詰められ、窓には色合い美しいステンドグラスが飾られていた。コンパクトながら品格のある建物に、ベルファースト市民の故郷《ふるさと》への思いと誇りが籠められているのであろう。

構内を歩き、市長室にと招じ入れられると、体格の良い鷹揚でおっとりした風格の市長、マーガレット・クラークが私たちを出迎えてくれた。彼女の正式な役職名は行政長官（High Sheriff）。市の実務を担う市長（Lord Mayor）とは別で、儀礼的にベルファースト、あるいは英領アイルランドの首長として一年間の任期で行政のトップに立つ。温厚な人柄の中に自然と滲み出るような指導者としての責任感が窺われ、行政の仕組みを説明する彼女の話には思わず聞き入ってしまう。

来訪の記念にと、ベルファースト市の紋章と、シティーホールのドーム像をそれぞれ円形に囲って一枚のエンブレムに収められた盾を贈呈された。市長室の窓からは、なだらかに広がる町の全体像が望め、荒々しい運命に翻弄された町のイメージは遠くに翳《かす》むかのようであった。

市庁舎の周辺にはいくつかの建物があり、その一つであるセント・アン教会を外から見ることとした。アイルランド国教会の総本山でもあるその教会は石造りのゴシック建築で、四角い外形と円形のドームをモチーフとしたヨーロッパ風の明るい市庁舎の建物とは異なり、際立って鋭い尖塔とともに、どことなく威圧感と壮麗さを窺わせていた。

ベルファーストの象徴、クイーンズ大学

ひと雨上がった気持ちの良い翌朝、朝食も早々にマリオンと総会会場となるクイーンズ大学に向かった。広大なキャンパスを持ち、いくつかのスクールに分散されているが、メインキャンパスは植物園の側にあり、ベルファーストのユニヴァーシティ・エリアを構成する。一八四五年に創立され、当初はアイルランド島に三校あるクイーンズ大学のベルファースト校として建てられたが、一九〇八年に独立し、現在では北アイルランド最大の大学である。

構内の一角にあるスタッフルームでは大会に先立つ評議会が開かれていた。私は紹介を受けて短いメッセージを述べ、次いで一〇時から開かれた本会議でも、冒頭一〇分ほど挨拶をした。その後、クイーンズ大学理事で北アイルランド人事院総裁のブレンダ・マクローリンが、次いで北アイルランド平等局高等弁務官ジョアン・ハービソンが、それぞれ講演を行なった。

引き続き、午後のプログラムに移ったが、私は大学構内にある図書館やギャラリー所蔵のコレクションを見学し、さらには大学に隣接する植物園内の美術館を見学した。まさにこの一郭が、

ベルファーストの町の文化ユニットと区分されていることを実感する。

大講堂グレートホールでディナーが催されることになっていたので、夜八時、再び大学に戻った。それに先立ち、七時からはクイーンズ大学副総長主催のレセプションが開かれるというので、副総長公邸を訪れることになった。夫人の案内で館内を見学したが、ここでもトリニティー大学の総長公邸と同じく、豊かなコレクションの数々に固唾を呑む思いであった。

続く大講堂でのディナーでは参加支部からのプレゼンテーションが行われ、コーク、ゴールウェイ、ティロン、アントリム、ダンエゴールといったアイルランドのさまざまな地域にある支部の活動と、各地域の特色が紹介され、改めてアイルランドの全容を窺い知ることとなった。

アイルランドのプロヴィンスと地域の行政区分

アイルランド島の地域区分は、古来のものから新規のものまで複雑に交錯する。まず、伝統的・歴史的な地域区分はプロヴィンスと呼ばれ、今でもラグビーなど地元スポーツ団体にその名称が残されている。現在では、レンスター、マンスター、コノート、アルスターの四つのプロヴィンスがあるが、本来はこれにアルスターに併合された最も小さなプロヴィンスであったミースが名を連ねていた。

ちなみに私が訪れたベルファーストは、島最北のプロヴィンスとなるアルスターに属している。アルスターの南にはレンスターがあり、レンスターを代表する大都市がダブリンである。さらにレンスターの西にあるコノートにはゴールウェイが、また最南となるマンスターにはコークといったアイルランドの主要都市がそれぞれ位置している。

これらプロヴィンスは、もともとは地方で勢力を伸ばした豪族が支配する領域のことで、各プロヴィンスは他の少数勢力を抑えながらアイルランド島を群雄割拠し、それぞれが王国を形成していった。やがてノルマンによるイングランド征服でノルマン王朝が築かれ、アイルランドがイングランドの支配下に入ってからは、かつてのプロヴィンスは王国としての勢力を失ってしまう。以来プロヴィンスは政治・行政の意味あいをなくし、あたかも文化遺産のように、それぞれの地域の伝統だけを受け継いでいる。

一方、このプロヴィンスとは別に、アイルランドと北アイルランドを問わず、行政区として州(County)単位の区分がある。アイルランドでは、首都ダブリンのあるダブリン州、ティペラリー州、メイヨー州、クレア州、ゴールウェイ州、オファアリー州など全部で二六州あるが、片や北アイルランドには、ベルファーストのあるアントリム州を始め、アーマー州、ダウン州、ファーマナー州、ロンドンデリー州、ティロン州と合計六州がある。

したがってベルファーストは、歴史的・文化的にはアルスター・プロヴィンスにあり、同時に、行政的にはアントリム州に属している。だがこのアルスター・プロヴィンスには、アントリム州のみならず北アイルランドのすべての州、つまり六州全部が含まれ、面白いことに、その六州に加え、キャヴァン州、ダンエゴール州、モナハン州といったアイルランドの三州もまた、包含されるのである。

言い換えれば、歴史的区分による古来のアルスター・プロヴィンスは、行政区としては九つの州を創出しながら、やがて六対三の割で南北に二分されてしまった。この不自然に分断された地域の現状こそが、アイルランド島をめぐり、アイルランドと英領アイルランド間に亀裂と紛争を招じた証でもあった。

分割の経緯——「アイルランド法令」、それに先立つ「連合法」と「宗教的不寛容」

そもそもアルスター・プロヴィンスの分割は、アイルランド議会が一九四八年にアイルランド全島の独立を宣言し、翌四九年にイギリス議会が北アイルランド地域だけを除外すると定めた法令を出したことに基づいている。ちなみに両法令とも、それぞれの国で「アイルランド法令」と呼ばれている。その結果、アルスターにある六州がアイルランドを離れ、北アイルランドとしてイギリスに帰属することとなった。だがそれは、島全体から見れば単にアルスターのみならず、アイルランド島を二分させた内部分裂であった。それにしてもなぜ、このように不自然な分断が起こったのであろうか。

おそらく誰もが思い浮かべる近代アイルランドに関する歴史は、一九世紀に大英帝国の威力を発揮しようと、イギリスが海を隔てて隣接するアイルランド島を併合したというものであろう。つまり一八〇一年の「連合法（Act of Union）」のことで、それにより「イングランド・スコットランド・アイルランド連合王国」が誕生したと考えられている。
「連合法」の基本的合意は、第一にイングランドにもアイルランドにも長いこと科せられてきた宗教的不寛容を取り除くことであった。そして第二に、それを条件にアイルランドが自治権を放棄し、イングランドの施政下に入るというものであった。

「連合法」で問題とされた「宗教的不寛容」とは、国内で公職につく者、あるいは土地の所有権を得ようとする者はすべからく国教会に忠誠を誓うことを義務付けるもので、一六六二年に統一令として発令され、一六六〇年代に制定された一連のクラレンドン法典に明記されている。なお公職とは、聖職・教職・軍隊・官吏など幅広い範囲に及び、人が望む地位と生計に関わるものであった。

だが、宗教的不寛容の考え方そのものはクラレンドン法典に始まったわけではない。ヘンリー八世が一五三四年、イギリス国教会を立ち上げた時からの基本姿勢であった。王の没後は後継者をめぐる王位継承争い、それに乗ずる政治的な勢力闘争と陰謀、宗教改革と異端の粛清、絶対王政下での弾圧、それに造反して台頭したクロムウェルの反乱、軍政・議会を巻き込んだ王党派と地方地主との対立、そして最後には一六六〇年のチャールズ一世の王政復古といった具合に、イギリス史の根幹にかかわる諸事が連鎖的に生じていった。クラレンドン法典が制定されたのは王政復古の時代であったが、これら幾度もの政変にもかかわらず、ほぼ一貫して維持され、強化されてきたのが宗教的不寛容の政策であった。

この宗教的不寛容は、カトリック教徒のみならず国教徒以外のあらゆる信教にも及んだ。そのためイギリスではもはや信教の自由も市民権も保障されないと、非国教徒の人々に新大陸アメリカへの移住を決意させたという背景にも繋がっていく。

これらイギリス本国で起こった非国教徒の粛清は、そのままアイルランドにも及んだ。だがアイルランドでは、イギリス本国におけるよりも一層過酷な結果を生んでいく。それはアイルランドにおけるカトリック信徒の絶対数が夥しく多く、イングランドの比ではなかったからである。

アイルランド古来の宗教——もたらされた迫害と領地の剝奪

アイルランドは今でも八〇パーセント以上の国民がカトリック教徒であるが、その信仰の根強さは古くから信仰が定着したことに依っている。アイルランドにおける布教の起源はノルマン征服以前に遡り、四三二年、聖パトリックがローマの支配下にあったブリテンから渡来して、この地にカトリック信仰を布教したことに始まった。布教とともに修道会が設立され、教育の普及も進み、アイルランドは島の内外を問わず、修道僧にとって学問の中心地となっていった。同時に、布教の際にもたらされたローマ文化を、古来ケルト人たちがアイルランドに築いてきたゲール文化と見事に調和・融合させ、アイルランド独特の文化と宗教的背景を作り上げていったのである。この文化的背景を根こそぎ摘み取ろうとしたのが、宗教的統制をもってアイルランドを支配しようとしたイギリスの統治方法であった。

アイルランドは、ノルマン征服以後、かつての四王国が統一されてイングランド王ヘンリー二世の統治下に入ったが、その統治は緩やかで、本格的な支配が及ぶのはヘンリー八世の時代に入ってからであった。一五四一年、王はアイルランド征服を宣明し、その王となることを議会に認めさせている。しかし、ヘンリー八世のアイルランドに対する執拗な執着にもかかわらず、カトリック教徒の島民たちはイギリス国教会の首長であるヘンリー八世への忠誠を頑なに拒み、激しく抵抗した。

改宗に向けて残虐な手法が講じられたのはイングランドでも同じであったが、アイルランドではことさらそれが過酷な結果を生むことになった。まず、改宗に応じない非国教徒への咎として、彼らが所有する全領地を剝奪し、代わってイングランドやスコットランドに住む多数のプロテスタント教徒を植民政策の名目のもと、その地に開拓民として送り込んだのであった。やがてこれら新たな開拓者たちがアイルランドにおける支配階級となっていく。

この手法は、のちに土地を没収された領主やアイルランド農民たちが起こした反乱をクロムウェルが制した時にも執られたが、名誉革命により王位がカトリック王からプロテスタント王に渡ると、プロテスタント勢力による政治・経済の支配は一層強まっていった。アイルランドのかつての有力者たちは結局、土地支配はもちろん、アイルランドの政界に出る機会も失い、イギリスの実質的支配がアイルランドに及ぶのは、まさに、こうした宗教的背景が大きくあってのことであった。

アイルランドに対する宗教的不寛容がイギリスにおけるよりも一層悲惨で深刻な事態を生んだのは、アイルランドの土地所有者、なかでも豊かで広大な領地をも持つ有力地主の多くがカトリック信徒であったことである。したがって、土地の没収は一部の農民ではなく、指導階級層そのものの没落であり、アイルランドを構成する社会層全般に及ぶものであった。

こうしてみるとたしかに、宗教的不寛容こそがアイルランドにとっては最大の頸木《くびき》であり、一八〇一年の「連合法」がアイルランドとイングランドとの宿命的関係を改善し、両者を融合させる最低条件として、宗教的不寛容を求めた「統一令」の廃止がアイルランドを納得させる好条件と考えられたのであった。無論それは、イギリス国内にもたらされた封建体制の崩壊と市民階級の台頭が、信仰の自由と市民の財産保護を求め、統一令の撤廃となっていく時代の流れに後押しされたことは言うまでもない。

定まらなかった統一令の廃止——ベルファーストで願う真の平和

ところが実際には、統一令の廃止はイギリス議会で認められず、イングランドとアイルランドの統合は厳しい船出となっていく。そのうえ、この統合では失われたカトリックの地主に豊饒な土地は戻らず、アイルランド側に不満を残すばかりであった。

しかもアイルランドにとって今一つ深刻な問題は、カトリック領主の土地を獲得したプロテスタント領主が、やがて富豪となって住まいをスコットランドなど本国に移しながら、アイルランドの土地をそのまま不在地主として所有していたことであった。大きな領地であればそれなりの選挙区を成し、政治への影響力も少なくない。だが領主不在では、その土地に住む住民の意見を政治に反映させることはなかった。

そのため、一八〇一年の連合王国の結成はアイルランド在住の愛国主義者たちの不満を燻らせ、アイルランド自治とイギリス連邦からの離脱を求める反英デモを引き起こしていく。一九一六年、ダブリンで起こったイースター蜂起を皮切りに激しい抵抗運動が起こり、それは、第一次、第二次大戦後に一層過激化する六〇年代闘争の火種でもあった。

一九七二年に起こった「血塗られた日曜日の惨事」、同様の「血塗られた金曜日」など、事件は多発し、これらの事件がアイルランドでは「重大問題（The Troubles）」と呼ばれるように、深刻な事態と化していく。この中でかろうじて和平交渉の道筋をつけたのがブレア提言であった。

何度かの話しあいと散発的な爆弾事件などを繰り返しながら、二〇〇五年、ＩＲＡはついに武力闘争の放棄を宣言する。追ってＩＲＡが持つ武器撤収についての査察も行われ、ようやくアイルランド島に平穏が戻ってきた。私がベルファーストを訪れた二〇〇三年は、まだこのＩＲＡやシンフェン党が武力闘争の放棄宣言をする二年前で、町では散発的に銃撃や爆弾事件があり、人々の不安が払拭されていたわけではなかった。それでも少しずつ取り戻してきた平穏と市民権と経済復興の兆しに、人々には笑顔が戻ってきたという。

ベルファーストでの滞在最終日、大会最後のイベントとして、私たちはアイルランド国教会のカテドラル・セント・アン寺院で礼拝に臨んだ。荘厳な礼拝式で私は立場上、聖書の中の詩編の一つを朗読することになった。私は、自分とは宗派の違うアイルランド国教会の礼拝堂で、しかも公式な勤めを果たすことに異論はないのか、と協会側に念押しした。信仰の心は一つ、何ら違反には当たらないと回答があり、私は高い説教台の階段を上った。自らの声が古いゴシック建築の建物にこだまし、何重にも鈍重に響いての朗読を終えた時、かつてこのベルファーストで幾万ものカトリック教徒が国教会への改宗を迫られ、応じない咎に土地を追われたことを考えてしまう。

礼拝式を終えての昼、私はベルファーストを発つことになった。飛行場まで送りに来たクイーンズ大卒者協会会長のジョーンは、別れを惜しみ来訪への礼を述べた。「こんな遠くまで、わざわざ東京からいらしてくださって本当にありがとう」。そして付け加えた。「有名なポップスシンガーでさえ身の危険を恐れ、おいそれとは来てくれないのに。こんな物騒な所によくぞ来てくださってありがとう」と言った。

国境があるべきはずがないこのアイルランドの島に、なぜ国境があるのだろうか。確執の強い権力者たちが、かつてアイルランドとイングランドとの仲を予想外に因縁深いものにしてしまった。その因果が今、何世紀も経て、人々の目に晒されている。おりしも今、同じ確執は、イギリス連邦の今一つの盟邦スコットランドが独立を求める声とも交錯する。いずれの背景も過去の経緯に立ち戻ってみなければわからない。

だが過去の経緯を知ると同時に、それぞれの国が国境を隔てて持つ領土やその地理条件をも推し量ってみない限り、確執の真の意図がどこにあるのか、読み取りにくいであろう。ローマが興味を持たなかったスコットランド、そのスコットランドを欲しかったイングランド、さらにはイングランドもスコットランドもが羨望したアイルランドの豊饒な農園。それは併合することによってこそ達せられるものであった。

思えば陸続きのヨーロッパ大陸にあって、国境の変更は線による平面の移行であった。だがアイルランドの併合は、「グレートブリテンとアイルランド連合王国」の名のもとに、島ごとを呑み込んでの国境変更を意味したのであった。引き裂かれたダブリンとベルファーストの悲劇は、イギリスに呑み込まれた島の一部が、アイルランドの独立にもかかわらず、かつての併合状態を解かれぬままに残されたことにより起こっている。

第四章　北欧の入り組む国境線――バイキングの末裔が探る融合への道

国境は、日本やイギリスのように、島国なればこそ海洋によって仕切られ、一方、ヨーロッパなど大陸では、地続きであるがゆえに複数の国々と国境を交える。国境のありようはさまざまである。その中で北欧諸国は、海と地続きの両様で国境線を持ち、多くの場合、その国境線は限られた国々の間で絶えず奪いあっては、また奪回されていった。

北欧諸国の中でも特に北欧三国と呼ばれるデンマーク、スウェーデン、ノルウェーは、王国初期にあっては、それぞれが海洋を制する北方の巨人として古くから威力を発揮した。海に囲まれてきた地の利から、彼らは否応なしに近海での漁業のみならず遠洋に船を駆り、国威を外に向けて命運を賭してきた。ことに八世紀から一一世紀にかけて、デンマークを始めとする北方領域に住むようになったノルマン人はヨーロッパの各所で侵略を行い、海洋では貿易以外にも他国の船を襲う行為を繰り返したとして、北欧のバイキングと恐れられるようになった。

彼らにとってみれば、おそらくは国威というよりも、単に生計をたてるための船出であったろう。だが、荒々しい北海を乗りきる船乗りたちの猛々《たけだけ》しさは、事実、彼らが財宝を積む貿易船を襲っては富を略奪する海賊行為を行うことで、北海の暴れ者といったイメージを北欧諸国全体に色濃く残してしまった。

北欧バイキングたちの活動範囲は広範囲で、財宝を求め海洋に乗り出すうち、やがて北米大陸にも到着した。およそ一一世紀中頃のことである。現在のカナダを流れるオリノコ川を下って、彼らはマサチューセッツ周辺にヴィニヤードと呼ばれる植民地を築いた。アメリカ大陸を最初に発見したのは、のちに来る大航海時代のスペインやポルトガルではなく、それより四世紀も前に遡る北欧バイキングたちであったと伝えられている。その足跡はノルウェーの叙事詩《サガ》にも謳われ、新開地の発見は、レイフ・エリクソン率いるノルウェー・バイキングの偉業だと讃えられてきた。

バイキングが支配した植民地は持続的に開発されなかったため、やがて海賊たちの拠点は失われてしまう。しかし一九七〇年代に、かつてバイキングがアメリカ大陸を移動したとされる古地図がエール大学図書館で発見され、真偽はともあれ全米の話題をさらったことがあった。

スカンジナビア諸国

バイキングの祖国となる北欧三国は、フィンランドやアイスランドとともに、しばしばスカンジナビア諸国と呼ばれている。それはスウェーデンやノルウェーが北ヨーロッパのスカンジナビア半島にあるからだが、三国のうち今一つの国デンマークは、バルト海と北海に挟まれたユトランド半島にあり、スカンジナビア半島には位置していない。しかもデンマークは南でドイツと陸続きとなり、この陸地と周辺の島々——大きな島では、首都のあるシェラン島やフェラン島——を併せて領土を構成し、肝心のスカンジナビア半島とは境界線で接しているに過ぎないのである。一方、スウェーデンに隣接するフィンランドも、同じくスカンジナビア半島には存在しない。

つまり、これらの国々の位置関係を改めて整理すれば、まずスカンジナビア半島の西半分にノルウェーが、東側にスウェーデンがある。さらにスウェーデンを真ん中にして、その東隣、つまりボスニア湾・バルト海を挟んで、半島の外側にフィンランドがロシアと国境を接している。これに対し、デンマークはそれら三国とは向き合う形で、カテガット海峡を挟んで南にあるユトランド半島に存在する。さらにスカンジナビア諸国の今一つの国アイスランドに至っては、これらいずれの半島上にもなく、西に離れた北海洋上に位置しているのである。したがってスカンジナビア諸国とは、スカンジナビア半島にある諸国という意味ではなく、スカンジナビア地方にある国々から成るということであろう。そこでここでは、洋上にあるアイスランドを除き、ごく近隣で国境を競り合う北欧三国とフィンランドに照準を当て、北欧諸国としての形成をみていきたい。

北欧三国とフィンランド

北欧三国やフィンランドの成り立ちは著しく古く、有史前から人類が居住していた。一時、氷河期に人類はこの地を追われたが、やがて一万二千年前くらいから、ノルウェーやデンマーク一帯に再び人々が住みつくようになったという。石器時代の遺跡の発掘は今でも行われ、かつてフィンランドの歴史都市サロに旅した際、考古学専攻の学生たちが台地に浅く掘られた畔の間で発掘跡の砂を丹念に掬いながら、粛々と検分を試みていたのを見たことがある。

北欧三国はいずれも今は立憲王国で、古くから王朝を築いて国を発展させていった。およそ一一世紀から一三世紀にかけてのことである。なかにはデンマークのように、一一世紀初期にはイングランドのクヌート王により「北海帝国」として統治されていたのが、やがて自ら王朝を堅固にし、一四世紀後半にはマルグレーテ一世のもと、カルマル同盟を提唱してスウェーデンやノルウェーをも支配下に置くようになった。

これら王国に対してフィンランドは共和国を形成する。しかし、フィンランドはある時はスウェーデンの、ある時は帝政ロシアのもとに統治され、広い国土を持ちながら国家造りが進まず、他国の支配を受けることが多かった。その意味で、フィンランドはスカンジナビア諸国の中では後進国であり、近代的発展にも遅れをとった。加えてフィンランドは、紀元前期の民族大移動期にヴォルガ川周辺にいたウラル語族のフィン人やサーミ人が移住してきたため、ゲルマン文化を主流とする北欧三国とは別の言語や文化体系を移入した。

スカンジナビア地方でフィンランド語を公用語とするのはフィンランドのみであるが、その言語には特徴があり、母音を語尾に持つ言葉で構成され、どこか日本語とも似ている。町を歩いて頻繁に見かけるbankiとは英語のbankに当たる銀行のことだが、固有名詞をつけてOsaki Bankiといった表現を見ると、何か懐かしい響きを感じたりもする。一方、スウェーデン、ノルウェー、デンマークにはフィンランド語と異なる原語体系の公用語がそれぞれにあるが、いずれもゲルマン諸語として類縁関係を持ち、ある程度は相互に通じるという。

このように異文化の国フィンランドが、北欧三国と異なり他国の侵略を受けた長い歴史があることはある程度推察できるが、実は、文化的・民族的にも類縁関係にあるとされるノルウェー、スウェーデン、デンマークの間でも侵略と征服は頻繁に繰り返され、お互いの主権争いが一種恒常化していたところがあった。したがって、これらスカンジナビア諸国における国境の変更、あるいは国境を巡る紛争が絶え間なく起こるのは当然で、現在もなお国境に関する係争が未解決のまま続いている。カナダとの係争問題を抱えるアイスランドもまた同じである。

絶えざる侵略と征服

北欧三国で王朝国家が築かれたのはほぼ一一世紀頃と述べたが、なかでもデンマークはユトランド半島を中心に、のちに首都が置かれるシェラン島やスウェーデン南部にも勢力を広げていった。一方、スウェーデンは一三世紀頃になって王朝の力がようやく安定し、フィンランドを含むスウェーデン地帯を制圧する。さらに、今一つの北欧国家ノルウェーも一一世紀のバイキング時代に王朝を築いたが、その後一二世紀から一三世紀にかけ王位継承を巡る内乱が続いたうえ、黒死病が蔓延して王家は途絶えてしまった。そのため一四世紀から一五世紀にかけてはデンマークの配下に置かれるようになった。そのデンマークはと言えば、さらに勢力を拡大させ、すでにみたとおり、マルグレーテ一世のもとで形成されたカルマル同盟により、ノルウェーのみならずスウェーデンをもその傘下に治めるようになっていく。

カルマル同盟は、その後一五世紀になってスウェーデンが脱退した結果崩壊したが、それにより、デンマークとスウェーデンの間では戦闘を免れ得なくなった。その間、スウェーデンはバルト海への進出を果たし、一七世紀にバルト帝国を建設する。しかし北欧三国は、一七世紀から一九世紀にかけても宗教改革に端を発した三〇年戦争・北方戦争・大北方戦争や、フランス革命に続くナポレオン戦争などに激しく翻弄され、それぞれの国の命運は左右されていく。三〇年戦争でも、北方戦争でも、スウェーデンに大敗したデンマークは衰退の一途を辿ったが、さらにナポレオン戦争でも、フランスに加担したことで敗戦し、その結果ノルウェーをもスウェーデンに奪われてしまう。そして、そのスウェーデンは一八一五年のパリ条約でフィンランドを失った。

スウェーデンによるフィンランド支配は、もともと十字軍遠征への大義名分で一二世紀半ば頃から行われていたが、北方戦争でスウェーデンが帝政ロシアに大敗してその一部を失い、さらにパリ条約に先立つ一八〇九年に敗戦が色濃くなると、フィンランドは帝政ロシアの支配下に移譲されることが決定的となった。

以後、一九一七年に至るまで、フィンランドは大公国としてロシアの統治下に置かれ、大公はロシア皇帝が兼任した。この時期フィンランドの本格的な開発が進み、やがてロシア革命の混乱に乗じて独立を得たフィンランドは共和国として誕生する。しかし、独立後の政情が不安定であったため、スウェーデンとは領土問題での紛争が絶えなかった。そのうえ、革命を成したソ連から再び政治的支配を受けるようになった。

第一次大戦、第二次大戦下では、北欧三国はいずれも中立を保つが、第二次大戦ではデンマークはドイツに進軍されて支配下に置かれ、ドイツの敗戦で解放されるまで独立を失った。同じく侵略を受けたノルウェーは連合国によって解放され、大戦末期には対日交戦を宣言したが実戦を交えることはなかった。

北欧諸国の国情と実態

こうして相互間で繰り返されてきた領土収奪と国境線の変更にも関わらず、デンマーク、スウェーデン、ノルウェー、フィンランドなど、古来北欧諸国としてその名を連ねてきた国々のいずれもが、栄枯盛衰を繰り返しながらなお、歴史の彼方に埋没することなく、今もスカンジナビア諸国として君臨する。その結果、現時点で係争に関わる地域を外し、それぞれが国土として有する面積は一体どれくらいになるのであろうか。

各国の公式発表によると、四か国のうち現在一番広大な領土を持つのはスウェーデンで、五二万八四四七平方キロメートル、これに続きフィンランドの三三万八一四五平方キロメートル、次にノルウェーが三二万三八〇二平方キロメートル、最も国土面積の小さいデンマークで四万三五六〇平方キロメートルとある。ちなみにアイスランドは一〇万三〇〇〇平方キロメートルでデンマークよりも大きいが、そのかなりの領土を氷が覆っている。

事実、火山と氷山に占められたアイスランドの居住可能な森林面積は全土の〇・三パーセントでしかない。実際に上空からアイスランドを俯瞰すれば、氷山・氷河が延々と帯を成し、自然の雄大美とは裏腹に地上での生活の厳しさが偲ばれた。ただ、この国の生みだすエネルギー源は水力と地下熱利用による膨大な規模の火力なのだそうである。またスカンジナビアで二番目に大きいフィンランドも、その三分の一が極寒地ラップランドにあり、土地の有効活用は極めて低くなっている。

一方、人口は統計公示の仕方が国によって違うが、二〇一七年から一八年にかけてのそれぞれの統計局の公表しているインデックスによれば、スカンジナビア四国のうち最多人口は一〇一八万人余のスウェーデン、次が五七〇万人台のデンマーク、次いで五五〇万人台のフィンランド、最も人口の少ないのがノルウェーで五三〇万人弱である。さらに五番目のアイスランドは三四万人弱で、その国土面積に比し、いかに居住面積が小さいかを物語る。また、この数値からみて、領土の最も小さいデンマークが二番目に大きな人口を抱えていることも興味深い。

スカンジナビアへの旅、始まりはコペンハーゲン

複雑な支配と統合を繰り返してきた北欧で、私が初めて訪れた地は、スカンジナビア諸国にあっては最も小さく、最も都市化が進んだデンマークの首都コペンハーゲンであった。一九八三

年のことである。

コペンハーゲンはシェラン島の東沿岸にあり、もともとは小さな漁港として開けたが、一二世紀半ば頃に司教区となり、アブサロン大司教のもとで要塞を固め、中世には商業の中心地として発展する。ドイツやスウェーデンなど隣国との勢力争いで複雑な国運を辿った国の背景はすでに述べたが、コペンハーゲンは二〇世紀に至るまで国の争いの渦中で絶えず戦火に晒された。それでいてコペンハーゲンは、デンマーク領土の大半が大陸にありながら、首都を島に置く町として珍しいケースとなっている。

島という立地条件もあってか、北欧の産業都市コペンハーゲンはどことなくこぢんまりとした佇まいで、街中を歩くにはわかりやすく便利な町であった。市の中心を成すのは市庁舎で、二〇世紀初めに完成された。イタリア・ルネサンスと中世デンマーク様式を混合させた建物で、正面入口には馬上のアブサロン大司教像があり、威厳ある趣を見せている。

大司教は一二世紀後半にウラディミール王の指南役として政治に強い影響力を持ったが、同時にローマ法王庁とも深いつながりを持つ宗教家でもあった。彼はデンマーク名門の家に生まれ、自からも広大な領土を持つ有力者であったが、改革の理想に燃え、教会と王室の融合を取りまとめて人々の信望を集めたという。

アブサロンはバルト海沿岸の領土を拡張させた貢献者とも言われ、巧みな政治的手腕を振るっていたのであろう。世にその名をとどろかせた馬上の名士には、当時のデンマークの気迫が漲《みなぎ》って見えた。やはりデンマークには古くから領土への飽くなき野望があったのだろうか。だが、その迫力とは対照的に、ブロンズ像のある建物前の広場は今、広大なオープンスペースとなって明るさと街の賑わいを覗かせている。

マーブル教会とアマリエンボー宮殿

市庁舎から歩いてストロイエ通りを通り、やがてマーブル教会《チャーチ》に出た。マーブル教会《チャーチ》はロマネスク・バロック様式の建物で、一七四〇年に設計され、四九年にフレデリック五世により礎石された。教会の建立はオルデンスバーグ王家創設三〇〇年記念行事の一環であったが、建築の途次、経済的理由などから紆余曲折し、一八九四年に完成した。フレデリック王にちなみ正式にはフレデリック教会という。スカンジナビア最大の教会で、福音ルーテル派の大本山でもある。ドーム内部には、キルケゴールやルターを始め、教会改革を求めたデンマーク屈指の神学者や哲学者の彫像一六体が並んでいる。

思えば、マーブル教会《チャーチ》を訪れる数日前、私はまだオランダにいた。北の町グローニンゲンからさらに北に向かって一時間ほど上ったところにある古いルーテル派教会を見に行った。一六世紀から一七世紀にかけ、宗教改革の波が怒濤のように押し寄せ、北ヨーロッパ一帯を席巻した。人々は既存教会の腐敗を糾弾し、信仰の原点に戻っての教会の簡素化を叫んで豪華絢爛に飾られた聖画や聖像の崇拝を一掃しようとする。そのため、教会内の彫像や壁画を徹底的に排除しようと、壁面をすべて純白のペンキで塗りつぶし、あらゆる装飾を覆い隠してしまった。いわゆる教会のホワイトウォッシュで、私が訪れたオランダの教会もホワイトウォッシュが徹底的に施され、教会内部の内装は白一色であった。その塗られた真白な壁の奥には、かつて描かれた画像がそのまま閉じ込められ、これら隠された装飾は近年復元が図られて、埋もれた芸術作品の救出がなされるようになった。

このオランダの教会に比べれば、デンマークの教会は、そこまでストイックではなかった。ホワイトウォッシュはむしろ一徹で、生一本で、物事を徹底して実行するというオランダ気質が生み出したものかもしれない。

マーブル教会《チャーチ》から東へ港に向かって歩くと、すぐ近くに冬の王宮と言われるアマリエンボー宮殿があった。もともと王室の住まいはクリスチャンボー宮殿であったが、一七九四年に大火に見舞われたため、王室一族はアマリエンボー宮殿に移り住み、現在に至っている。八角形の中庭となる広場を囲んで四つの同形の建物が相対峙して並び、それぞれがクリスチャン七世、クリスチャン八世、フレデリック七世、クリスチャン九世の宮殿と呼ばれていて、建物ごとにそれぞれの係累が住む王宮となっている。宮殿自体は一七四八年にフレデリック五世の命で築城された。

ロココ様式とされる建物内部は一般参観が許されていないため眼に収めることはできないが、のちに見たノルウェー宮殿が公園のような森林に囲まれて奥深くあるのに比べると、アマリエンボー宮殿は目抜き通りに繋がる広場に面し、驚くほど開放的な雰囲気があった。

アマリエンボー宮殿からそのまま港に進むとバルト海が注ぐ海峡となり、そこがスウェーデンとの国境となる。バルト海から北海へと抜ける海の道にはいくつもの島があり、コペンハーゲンの港もそうした海の道の一つに面している。

港周辺にアンデルセン縁《ゆかり》の人魚像があると聞き、私も波止場に沿って歩いてみた。行き当たらずあきらめ気分になっていた時、ブロンズの像が立っていた。そう大きくもなく、そう目立つものでもなく、おとぎ話か現実なのか、いかにもアンデルセンの話にあるように不思議で何気ない表情であった。波止場から来る磯の香りを嗅ぎながら踵を返し、ダウンタウンに戻った。

クロンボー城への旅

このデンマークへの旅は全くの一人旅であった。しかしコペンハーゲン滞在中、シェラン島北部にあるクロンボー城に行くバス・ツアー「Nord Saelland の旅」があると聞き、参加することにした。ハムレットの舞台と言われる古城への日帰りの旅となる。バスは予約客で満席となり、コペンハーゲンの街を出てからはシェラン島の東側にある海岸沿いの道を一路北に向けて走った。

デンマークの面積はスカンジナビア諸国の中でも最小でありながら、海岸線は意外と長く、総距離は七三一四キロメートルに及ぶという。ちなみに、海岸線についてだけ言えば、スカンジナビア諸国の中でもノルウェーに次ぎ、二番目に長いコーストラインを持っている。地図で見ても気持ちの良いくらい真っ直ぐなハイウェイが、その海岸線の一つ、シェラン島の沿岸を南北に走っている。その街道こそがNord Saellandへの道に他ならない。コペンハーゲンから約四五キロメートル。シェラン島の北端ヘルシンゲンの町にクロンボー城がある。

クロンボー城は一四二〇年代にエリック七世によって築城された。中世風の城塞様式の建築で、地理的にもスウェーデン対岸に面した狭隘な砂防地に建てられ、バルチック海の要塞として地の利を占めて堅固なものであった。しかし、のちに一五七四年から八五年にかけてフレデリック二世が全面改造し、優雅なルネサンス風の城にリフォームした。現在、私どもが目にするクロンボー城の姿である。

この城をあまりにも有名にしたのがほかならぬシェークスピアで、クロンボー城を舞台に彼の逸材『ハムレット』が描かれた。「聳え立つ四つの塔、鈍く光る青銅色の屋根はいかにもそれらしい雰囲気を湛えている」とガイドブックは記している。さらに宴会場のタペストリーと礼拝堂は「見もの」とも書いてあった。

城内の内装はフレミング派の画家ハンス・ヘンドリックとアントニス・ヴァン・オーベルゲンの手になるもので、彫刻はゲルト・ヴァン・グローニンゲンにより施されたものと城内の説明書きが案内する。北欧ルネサンスでは随一とされる建築物で、素人目にも粋を凝らした様相が窺える。のちに、二〇〇〇年、クロンボー城はユネスコの世界遺産に登録された。

城の価値はともかく、一介の見学者から見て最も印象に残るのは、その風格ある城の外観であった。二方を海に囲まれ、茶褐色の整然とした外壁は、威圧感と同時になんとも言えない美しさと品位を感じさせる。なにものをも寄せつけず静かに立つ厳格な城の佇まいが、天下の劇作家を魅了したのであろうか。

しかし、クロンボー城は意外に歴史に翻弄された建造物でもあった。一六二九年には失火による大火に見舞われ、できるだけ原型通りにとのクリスチャン四世のたっての望みを受け、ほぼ元通りに修復された。しかし、大火からわずか三〇年後の一六五八年に城はスウェーデンとの戦で奪われ、多くの貴重な芸術品を喪失した。その後八五年に城は返還されたが、もはや王宮の住まいとしての機能を失い、一九二三年に至るまで陸軍の兵舎として活用された。またその間、一七三九年から一九〇〇年代までは、牢獄として使用されていた時期もあったという。戦後、城は補修ののち一般公開され、現在私たちのような観光客の目にも触れるようになった。過ぎ去った年月がクロンボー城を廃墟と化すことなく歴史や文化遺産の重みを伝えてくれる。

平和の誓い、フレデリックスボー城

クロンボー城をあとにして、バスは南に進路をとって帰路に向かう。だがその途中、今一つの古城フレデリックスボー城を見学した。コペンハーゲンの北三二キロメートル、先のクロンボー城からは一〇キロメートルほど離れた南にある。クリスチャン四世の王宮として、一六〇二年から二〇年にかけて築城された。しかし、城の礎石が一五六〇年にフレデリック二世の命により建造されたため、城の名前はフレデリック二世に負っている。

フレミング派の建築家を招いて設計され、北欧屈指とされるオランダ・ルネサンスの粋を集めた美しい城で、パレス湖の水上に浮かぶ三つの島を結んで建てられているため、湖上に映る建物の全景が見ものである。さらに、城につながるバロック様式の伝統的庭園が一層の品格をフレデリックスボー城にもたらしている。

クリスチャン四世の没後は戴冠式など王宮や国の行事にもっぱら使われていたが、一九世紀中頃から再び国王フレデリック七世の住まいとして使われるようなった。しかし一八五九年、火災が発生し、城の主室内部の大半を焼失した。修復された現在では国立歴史博物館として公開されている。宮殿内部はもとより、附属礼拝堂にもデンマーク王室が所蔵する秘蔵の逸品が並び、そのままでも美術館の様相を呈している。だが、今一つ付け加えたい歴史的由縁は、この礼拝堂が一七二〇年の北方戦争終結に当たってスウェーデン、ノルウェー、デンマーク間の和平を取りまとめた「フレデリックスボー条約」締結の場であったことである。

ちなみに、このフレデリックスボー城と北端のクロンボー城の中間には、今回見学は叶わなかったものの、今一つデンマークが誇る旧跡フレーデンスボー城がある。春、夏、秋を問わず離宮として使用されるほか、王室の重要な行事が執り行われている。エストラム湖畔に建てられたバロック様式の城で、フランス風の香り漂う田園情緒を取り入れた美しい庭園が続き、デンマークにおけるベルサイユ宮殿とも称されている。

フレーデンスボー城は一七二〇年から二六年にかけて築城されたが、一七二〇年は先にも触れた北方戦争が終結して平和条約が締結された年でもあり、築城に当たり、デンマーク、スウェーデン、ノルウェー間の和平締結を祝って、この城はFredens Borgすなわち「平和の城」と命名された。一説には、建設途次のこの城で条約の調印が行われたとも言われるが、実際に条約が調印されたのは、やはりフレデリックスボー城であったとみるのが正しいであろう。

ちなみに、この条約によりスウェーデンはホルシュタインを事実上失い、デンマークはシュレスニヒを全面的に譲渡された。一方、デンマーク領有のスウェーデン領ポメラニアはスウェーデンに返還された。国境の策定は北方戦争の終結を意味したが、実はその後もロシアなどが絡んで、この地帯の国境を複雑にしていることは否めない。

クヌート・ハムソンの世界に惹かれて

思えば、この複雑な国境のことも知らずに私が北欧に多少の思い入れを抱いたのは、一八歳の頃、クヌート・ハムスンの『みじかい北国の夏に』(早川書房)を読んだのがきっかけであった。ノルウェーの作家による作品で、訳者山室静氏によると、原題は『トマス・グラーンの手記から』であった。長い冬将軍に閉じ込められ、わずかな短い夏を待つ北欧人の繊細さと忍耐強さが少女の私を捉えたのだろうか。そして一九八九年、私は再び北欧に旅し、ついにクヌート・ハムスンの故郷ノルウェーを訪れた。

再訪の北欧ではノルウェーのほか、スウェーデン、デンマークも回ったが、実は訪問目的地のメインは国際会議が開催されたフィンランドであった。したがって、二度目とはいえ、デンマークしか知らなかった北欧へは、フィンランドを起点に最終目的地がお目当てのノルウェーとなる小旅行であった。

当時、太平洋側からヨーロッパに行くには、北回りならばアエロフロート機を使ってロシア回りで行くか、またはアラスカを経由してロンドンやヨーロッパに飛ぶことが多かった。だが今回のフィンランド行きはフィンランド航空機を利用したため、ベーリング海峡の上空を飛行して北海に出るルートでヘルシンキまで直行する。

フィン・エアは成田を七月二六日に出発し、ヘルシンキには同日の一六時五〇分に到着した。だが一時間後、私たちはそのヘルシンキから飛行機を乗り換え、まずはスウェーデンに向かった。それは白夜のバルト海を航海する観光目的であって、頃良い時間に連絡船シリアラインに乗れば、船は夜ストックホルムを出航し、明け方にヘルシンキに着くという。

地図の上では、ヘルシンキからほとんど横並びにも見えるのだが、時差の関係か、飛び立った時刻を五分も巻戻してストックホルムに着いた。この日はここで一泊する。翌日のヘルシンキ行きの船は夜に出航となるので、短時間ながら翌日の昼間一日は観光の時間となった。

バスで市内観光をしたあと、多少の自由時間があって、私はドックに接続する海洋博物館に一人足を運んだ。それはここに巨大な戦艦ヴァーサが展示されていたからである。ヴァーサ号は一六二六年から二八年にかけて建造された戦艦で、当時の海洋国スウェーデンが誇りと威信をかけて造ったものであった。

全長六九メートル、トン数一二一〇トン。六四基の大砲を搭載する。規定の乗船人数は船員が一四五人、兵士が三〇〇人となっていた。船体の上部が重装備となっていて、当初からバランスを欠く構造とされていたが、船主の国王グスタフ・アドルフスは、船を一層威厳ある豪華なものとするため追加装備を命じていたという。

一六二八年八月一〇日、船の不均衡が警戒される中、処女航海に出た軍艦ヴァーサは、港から出てわずか一三〇〇メートルの沖合で一陣の強風に煽られ転覆、沈没する。海底に沈んだ船の遺失物捜査は今も行われていると聞くが、海難事故の中でも、船の脆さを語る悲劇として人々の記憶に残るものとなった。

おりしもヨーロッパは三〇年戦争の最中にあり、戦争による疲弊が暗雲を漂わせていた。その中でグスタフス・アドルフス王は、スウェーデンにあっては最も成功した王の一人であり、軍艦ヴァーサも当時ヨーロッパきっての最大級で最強の軍艦であった。

ストックホルムの街はこの悲劇を偲ばせながら、比較的起伏の少ない土地柄のせいか、意外と明るく開放的な街に見えた。わずか十数時間の滞在ではおそらくは何も測り知れないだろうが、夏の陽光に照らされ、街にはキラキラとした光があった。

夕刻六時、いよいよシリアライン出帆の時間。船内で夕食を摂り、夜の到来を待った。初めての白夜にワクワクする思いでデッキに立てば、昼よりもいくらかうす暗くなるだけで、暮れない夜が連綿と続き、闇の帳《とばり》が降りることはなかった。さんざめく船内の賑わいとは裏腹に、待ちに待った宇宙の神秘にドラマ性はなく、白夜はあっけらかんとしたものであった。夜に闇がないというけじめのなさのせいであろう。夜は闇、明ければ光を一日周期としている自然にこそドラマがあるのであり、白夜には淡々と刻まれる時間の推移だけがあった。

白夜が開けて、ヘルシンキでの一〇日間

翌朝九時、船はヘルシンキの港に入った。船から降りると、思いもかけない賑わいがあり、それが朝市だとわかった。波止場の広場に所狭しと並べられた多数の台には、取れ立てで新鮮な野菜・果物・魚介類が並べられていた。今では缶詰や乾物など加工食品も多いと聞くが、当時、旅先で料理のできない旅行客が手に入れたいものは果物やベリーであった。

専用バスが発車するまで私たちもベリーを求め、口一杯頬張《ほおば》ってみた。大きな粒のベリーはみずみずしく甘酸っぱい。周囲の人に倣って、私たちも種を足下のコンクリートに吐き捨てた。市場には毎日大型の清掃車が入り、その日のうちに大掃除が行われるのだという。

会議場や宿舎はヘルシンキの市中から二〇分ほど離れた郊外にあった。会場であるディポリ会議センターはその年一九八九年にオープンしたばかりで、まだ取り除かれていない建築現場のスノコの上を歩いて会場内を検分した。フィンランド工科大学に隣接し、プログラムの一部はその校舎内の教室を使うことになっていた。ここで一〇日近い会議が続く。その間、街に出て市内観

光をしたり、美術館を見たり、シベリウス縁《ゆかり》の記念彫刻のある館《やかた》を見学したほか、歴史都市ソロやトゥルクへも一日がかりの小旅行をした。短期間にもかかわらず、かなり現地に触れて見聞を広めることができたのは幸いであった。

歴史都市トゥルクはスウェーデン王国時代の旧首都で、中世の古い町の佇まいを留めている。のちに帝政ロシアが支配すると、ロシアはスウェーデンの影響を恐れ、自国に近いヘルシンキの地にフィンランドの首都を移したという。現在、スウェーデン人はフィンランドにあっては一〇パーセント弱に過ぎないが、かつての支配力の名残を留めるかのように、その言語は今もフィンランド語と並び使われ、テレビも広告も標識もバイリンガルで表されている。

起伏の少ないフィンランドの地は森林と湖に囲まれ、野鳥の楽園でもあった。朝まだきに耳を突き刺すほどの鳥の声は、鶏ののどかな鳴き声とは違い、荒涼とした北国の寂莫感を誘ってくる。鳥が多いということは虫や魚や草木の実が豊富だということでもあり、我々人間もまた美味しいベリーと魚貝類を堪能した。

その年、フィンランドは何十年ぶりかの猛暑で、日中は二八度にも上った。猛暑を想定していないフィンランドの建物は窓が小さく、風も入りにくい。汗だくだくのなかで、ふと、サンタクロースはその年どんな出立ちで橇に乗るのだろうか、とサンタの故郷ラップランドに繋がるこの地ならではの想像を膨らませてしまった。

長い会議を終え、深く印象に残る事柄が二つあった。一つは総会日程最後となる八月五日、会場にいたスウェーデンの会員が挙手をし、発言を求めた時であった。その会員は、「明日八月六日は広島に原爆が投下された日。世界平和に強い思いを馳せ、この日をヒロシマデーとして、我々が記念すべきことを提案したい」と言う。日本からの参加者は何人かいたが、突然の発言とはいえ、心打たれる衝撃を覚えた。

今思えば、一九八九年はその秋、冷戦の構造が瓦解するという平和への一工程が刻まれた年であった。それを見据えたわけでもなく、発議は原爆投下を特定の国に関わる政治問題としてではなく、人類平和のための歴史的事件と意識すべきではないかとの理由からであった。目立たない物腰静かな発言者には、断固として秘めた思いが窺われた。平和への発言者がスウェーデン人であったことも興味深い。何故スウェーデン人は、ことさらに世界平和に向けての思いを熱くするのだろうか。スウェーデンが幾度もの戦を体験してきたからであろうか。残念ながら会期終了間近の発案は、議決事項として扱うには規定上無理があり、提案は採決に至らなかった。だが、それは六年後、核に関わる平和宣言という別の形で実を結んでいる。

今一つ心に残る思いを与えてくれたのは会議のプログラムの一つで、あらゆる思想・宗教・信条を超え平和と融合を誓おうというInterfaith Ceremonyであった。国際大学女性連盟は一九一九年、第一次大戦終結時に結成され、世界の平和を求め、それに貢献する女性を育成しようと女性の教育向上を図る使命を負った。その意志確認のようなものがこのプログラムにあった。仏教・モスレム・キリスト教・ユダヤ教を代表する人たちの祈りがささげられたあと、会員たちは、ジャン・シベリウスの交響詩「フィンランディア」から引いた“One Faith, One Love Hymn”を合唱した。感動的なシベリウスのメロディが、平和への思いを一層に強め、心を一にするプログラムの効果は抜群であった。

シベリウスならではの故国に寄せるその強い思いは、北欧の国々がかつてそれぞれの国の間で争い、あるいは列強による支配下に置かれてきたという複雑な過去を持つ背景があったからであろうか。今、そのフィンランドで私たちはシベリウスの曲を合唱する。国境を越え、宗派を超え、一つの人類でありたいと願う心が大会のプログラムを締めくくったのであった。

いよいよクヌートの世界、ノルウェーへ

印象深い会議を終え、私は友人と二人、引き続き北国への旅に出た。目当てはフィヨルドへの旅。会議終了後の八月六日、私たちはヘルシンキを離れ空路ノルウェーのオスロへ向かった。オスロの空港に到着したのは早朝九時半。その日はこの街で一泊するため、日がな一日、オスロの街を観光した。

オスロはノルウェーの首都で国内きっての人口を抱える都市であるが、どこか落ち着いた気配をもつ街並みであった。とはいえ、時おり、若者が駆りたてられたようにエンジンをふかしてバイクを走らせる轟音が響くと、北国もまたモーターの喧騒から免れられない時代なのだと痛感する。

オスロの町は、古く一〇〇〇年頃に築かれたが、一一世紀半ばには貿易都市として位置づけられ、北海における重要な海洋貿易の拠点として発展していった。やがてオスロは司教区に昇格し、一三〇〇年にはノルウェーの首都となったが、良港をもつオスロは海洋を通じて北海の近隣諸国との友好を深め、デンマークとは中世以来、スウェーデンとは近代に入ってからではあるが盟友関係を持つに至った。それらの盟約は国家に先んじての締結であった。

オスロは、現在、国内にあっては政治・経済面での中心地として、ノルウェーの貿易・金融・産業・船舶業の牽引力となっている。それはまたヨーロッパの海運業さえをもリードする力であった。またオスロは、グローバルシティとしての評価が高く、国民のクオリティーライフの満足度でも世界一だという。物価高にもかかわらず居住地としての評判が高く、オスロは国外から、あるいは国内からも人々の流入が進み、人口の上昇を記録し続けている。

思えば、今から三〇年も前に私たちが見たオスロの町は、大都市とは言ってももっと閑静な佇まいがあったように記憶する。それは通りすがりに過ぎない旅人の感想なのだろうか。特に観光スポットとしても知られるフログネル公園はグスタフ・ヴィーゲランによる彫刻像で有名だが、人の一生に込められた喜怒哀楽を描く像の前に、ひしめく観光客の姿はなく、せいぜい公園を散策する人の姿が見られるくらいであった。木の茂みが続く公園の先にある王宮はいかにも優雅で、品格を漂わすかのようであった。総体的に落ち着きと静けさが街の印象として残っている。

オスロからフィヨルドめぐりの旅へ

オスロの街を気儘に見て回った翌日、私たちはいよいよバスでフィヨルドのツアーに旅立った。旅の行程は第一日目がソンダルに一泊し、翌日はウルヴィックにもう一泊。最終的にはベルゲンに出て二泊三日の旅となる。途中、船に乗り換えて、フィヨルドの中でも最大級と言われるソグネフィヨルドを巡る行程であった。

旅の初日、フィヨルド地方に向かうバスはオスロから北西に進路を取る。出発点のオスロがノルウェー全体から見れば南東部に位置しているため、西岸に集中するフィヨルドに向かうには半島を斜めに突き進むようにして北西に走るのである。オスロからソンダルの町に向かう途中、大滝や木造建築の教会としては世界最古と言われるスターブ教会《チャーチ》に寄るルートが含まれていた。

スターブ教会《チャーチ》はノルウェーでは複数見られる建物で、なかでもボルグンドにある教会は観光名所としてテレビや写真に登場する。教会は建物全体が木材で組まれ、特異な幾層もの屋根を持ち、至る所にふんだんに彫刻が施されている。その褐色の木造教会が周辺の山々をバックに真っ青な空に尖塔を突き上げるようにして立つ姿は、なかなかの風格であった。しかし中に入ると、木造のせいもあってかいかにも和やかで温かみのある感触が伝わってくる。中世の頃から実際に使われていた教会と聞くが、木材を切り込んで嵌めていくという無宗派時代の建築様式を取り入れ、外見はどことなく東南アジアの寺院と見まがうような作りであった。それもそのはず、聞けば舳の形にも似た木組みの様式は竜を模り、バイキングたちが好んで取り込んだ造船の技術であるという。一方、ヘダルにあるスターブ教会《チャーチ》は、形を異にして、いくらか丸みを帯び、むしろヨーロッパ様式と言えるようなドームにも似た屋根で、姿も美しくまことに優雅で興味深い建物であった。

最大級のフィヨルド、ソグネフィヨルド

街道筋でこれらの建物を見たのち、私たちを乗せたバスはやがて水辺近くへと下りていった。そこから先はフィヨルド観光のための小型フェリーに乗船する。いよいよソグネフィヨルドを巡る旅が始まるのだ。フィヨルドと言っても、ノルウェーには無数にあり、最大級のものだけでも、このソグネのほかロムスダルス、ゲイランゲル、ノルド、ハルダンゲルと、大規模なフィヨルドが少なくとも五つ以上もノルウェーの西海岸沿いに縦列して点在する。フィヨルドのいずれもが海岸地帯にあるのは、フィヨルドの形成が海に流れる氷河により作りだされたものに他ならないからである。

フィヨルドは見たところは湖水のように水を満々と湛えている。しかし、山脈・川床・氷河の三つの地形条件が整わなければフィヨルドは存在しない。そもそもフィヨルドとは、氷河が高い山脈からすべり落ちて海に流れ込み、その過程で川底に深みを作り、その深みに水が蓄えられて誕生する。この誕生のための三つの条件がノルウェーは最も満たされていて、長い時間の経過の中でフィヨルドが生まれた。今からおよそ百万年前の氷河時代、地表を覆っていた万年氷が山脈

をゆっくりと滑り落ちて海へと向かった時の話である。

滑り落ちる氷河の重みは、海岸近くでは海水に流れ込んで圧力を失っていったのに対し、奥地では水の逃げ場がなく過重な圧力となって川底をえぐり、近くの山の高さほどもある深みを作った。ちなみに海岸近くの水深が一五〇メートルであるのに対し、深みのある奥地は一二〇〇メートルにもなるという。そこで山脈から海までの間に大きな落差を刻んで川床を作り、ちょうど山を逆さにしたような三角形の溜り場を生みだしたのであった。その水深の深い溜り水こそがフィヨルドで、氷河から溶け出た水であったがために、独特の高い透明度で深い碧色《あおいろ》を湛えている。しかも周辺には山脈や岸壁や森林が間近に迫り、一層の迫力と景観を生みだしている。

フィヨルドを行く船やフェリーは、この雄大な自然をバックに静かな湖水をゆっくりと進む。満々と水を湛え、岸辺を洗わんばかりの湖水は風がなければ揺るぎもしない。湖ではほとんど洪水は生じないのだ、とガイドは私の質問に応えて言った。だが、翌年、フィヨルドから溢れた水で周辺地域が冠水したとの話が、ガイドから日本にいる私たちに届いた。乱れることを知らない穏やかな水面の景色と、大自然の前には抗うことのできない現実の姿とが交錯する。

しばらくソグネフィヨルドを遊覧して下船すると、その北岸に第一泊目の宿泊地となるソンダルの村があった。ソンダルはフィヨルドを抱く典型的な集落で、その名は近くを流れる川の名に由来する。村は、二〇一二年の統計によれば人口わずか三四五五名で、閑散とした農村地方を彷彿とさせ、フィヨルド観光がなければおそらく世界から人々を惹きつけることもなかったであろう。近くにはバイキング居住地の痕跡もあるという。

一方、第二泊目となるウルヴィックの町はソグネフィヨルドから真っ直ぐ南下した所にあり、別のフィヨルドとなるハルダンゲルフィヨルドの水源と直線的に結ぶ線上にある。そこは海抜一八〇〇メートルの低地であった。一九四〇年、ドイツ軍の侵略を受け、この町のほとんどが焼失したが、その重々しい戦渦の過去を留めることなく、ソンダルからウルヴィックへの道中では森と湖水と静かな田園が展望され、まるで風景画の世界に誘われたかのようであった。その中で私は否応なしにクヌートの描く『みじかい北国の夏に』に登場する森林の風景を重ねてしまう。

クヌートの世界を追って

『みじかい北国の夏に』の舞台はもともと、このフィヨルド地帯よりさらに北方にある「ノルラン」(ヌールラン)に設定されていて、そこではフィヨルド地帯よりももっと厳しい冬の世界が展開する。しかし、小説に登場する元中尉で退役軍人の主人公は、都会から離れ、もっぱら森に籠っての気儘な猟人暮らしを一人楽しんでいる。自然の気配を敏感に察知し、経験から森羅万象を洞察する。時間の移り変わりがわからない曇り空の下でも、「満潮とか引潮とか、一定の時間になると眠る草とか、鳥の声の変化とか、午後になると閉じる花もあるし、葉の色もうす緑になったり黒っぽくなったりする」などの現象を五感で感じるのだと主人公は言う。

だが一旦人間関係となると、彼は持ち前の慎重さや不器用さ、それに細やかな神経と気位の高さゆえなのか、人との関係を構築できないでいる。ある場面で彼は言う。

「わたしはたった一人でここにいることを喜んでいる。わたしは安心して岩肌によりかかる。そして、誰も後ろに立って、私を後ろから観察する者のないことを知っている。一羽の鳥が、けたたましい叫びをあげて山の上を掠めて飛ぶ。と同時に、ややはなれたところの断崖から、岩の一片がくずれ落ちて海の中へところがって行く。しかも、私はじっとそこに坐って、ひとときをしずかに過ごす。私は安静の中に身をひたす。えも言えぬあったかい快適の感じが、私の全身をつらぬいて流れる。そこには雨が絶え間なく降りしきっているのに、わたし一人はこの岩陰の隠れ家に安らかに坐っていられるからである。」（山室静訳）

だが小説の主人公は、自分が空に向けて放った鉄砲の銃弾がたまたま岩肌に当たり、砕けた岩の断片が落下し、それによりひそかに愛していた人を失ってしまう。それから何年もして、彼自身、他人を仕向けて銃口を自分に向けさせ、引かれた猟銃の弾で命を落とす。短い夏の終わりに暇《いとま》を告げるかのように、陰惨な結末は突然、そそくさとやって来る。そう言えば主人公が、「この地方の人間は短い夏に似ていませんか？」と台詞を吐く場面がある。この地方の人々は、「この夏のようにそわそわしている」とも言った。

ノルウェー人が、あるいは「ノルラン」の住人たちの気性がこの短い夏に似ているかどうか、私にはわからない。むしろ私の方こそ、そそくさとノルウェーを訪れ、そそくさと立ち去ってしまう旅人に過ぎない。この土地について何を深く観察できようか。しかし、フィヨルドを囲む大自然が激しい大変化をその土地にもたらし、その結果できたフィヨルドの現象を考える時、あまりにも静かに穏やかに透明な水を湛えるフィヨルドを見て、深い感動に動かされたのであった。

幾度かの戦に翻弄され、住む土地の帰属が変更されることを余儀なくされてきた人々にとり、「不変」は静寂な大自然の中にのみあるのだろうか。人と交わって抗う世界に投じられるよりは、森の中に憩いを求めたクヌート作品の主人公のように、ノルウェーの自然は平和の重みを大自然の中に宿しているのであろうか。小説の虚構の世界と、ましてや旅人の浅薄で勝手な想像力とでは、生活する人々の現実感を薄いものにしているかもしれない。だが戦後の日本で、子供ながら戦が終わったあとの「あの平和」と静寂をいみじくも実感した少女、私は、平和を求めた森の住民に知らずして強く惹かれたのであろうか。

北欧最後の町、ベルゲンで

旅の最後の日、バスは早朝にウルヴィックを発ち、最終地点ベルゲンへと向かう。ほぼ四時間後、私たちはベルゲンのバスターミナルに降り立ち、ノルウェー最後の日をこのベルゲンで過ごすことになった。中世の貿易の町を偲ばせる古い家々が並ぶメインストリートから宿に行くには、かなりの急な坂を上る。小高い丘の上に立ち、今来た道を振り返ると、真っ直ぐな道の先には港が見え、海が見渡せた。浜から吹く風が運ぶのか、潮と魚の生臭さが漂い、フィヨルドとは裏腹に荒々しい大洋に戻ってきたのだという感がする。その港には朝市が立ち、翌朝早く私たちも足を運んだ。

ベルゲンはオスロに次ぐ大都市で、ノルウェー政治の中心地でもあり、かつては首都として機能していた時期もあった。もともとは一一世紀頃から貿易で繁栄し、一三世紀末から一八世紀末まではハンザ同盟の事務局が置かれていた。輸出のメインとなったのは干鱈で、ベルゲンは古くから漁業を主要産業としてきたノルウェーの顔でもあった。のちに町は頻発した大火やペストに見舞われ、第二次大戦中にはいち早くドイツ軍に占領されるなどしたが、戦後は安定し、ベルゲン大学など教育のメッカとしても高い水準を保っている。

ベルゲンでは午後の半日しか観光時間がなく、正直、充分な見学はできなかった。それでも半日かけ、ゆっくりと町を歩き、それなりに街並みを楽しむことができた。フィヨルドの旅で味わった余韻が残る中、翌朝九時過ぎにはベルゲン空港から、北欧最後の滞在地コペンハーゲンに向かう。コペンハーゲンに着いたのが昼前の一一時近く。明日、夕方四時前にはここを発ってヘルシンキ経由で帰国する。二度目とはいえ、コペンハーゲンもまたベルゲンに劣らずせわしない滞在となった。

北欧の旅を振り返れば

北欧の旅は駆け足の覗き見とはいえ、さまざまのことを思い出させ、考えさせられた。顧みれば中学生の頃、教科書で民族大移動を学び、大掛かりな移動をした民族の中に、大柄な体軀を持つ北方への移住者デーン人があったと知った。おぼろげの知識ながら、それが北欧への最初の興味であったかもしれない。そして、クヌートの『みじかい北国の夏に』が意図せずして北欧への関心を繋いだ。やがてヨーロッパ外交史を専攻した院生の頃、北欧諸国が巻き込まれた宗教戦争や北方戦争で複雑に連鎖する北欧諸国の因果関係をまざまざと知らされた。

　その複雑に絡まりあう北欧諸国が、ハンザ同盟や諸貿易の利害関係を乗り越え、なぜ今の時代に大きな紛争もなく連帯しあえるのであろうか。静かな北の巨人はかつてのバイキングのような攻撃的な民族ではない。王権の拡張がバイキングを制したが、繰り返される戦闘で国家は疲弊し、何度も国運は危機に晒された。その末に学んだことが妥協と共存を図る智恵であったのだろうか。

　資源を巡る利害関係は古今東西にわたり絶ち切れぬ国家闘争の危機を孕んでいる。特に島々からなる国家にとって領海権を巡る争いは国家の死活問題だと考える人もいるであろう。現にデンマークは、グリーンランドの元宗主国としてグリーンランドの近隣にあるハンス島を巡り、カナダとの間に今も解けない領有権問題が横たわる。しかし、係争中として火種を撒くような事件を起こすことはない。表の顔と内なる真相はわからないが、極力、正面衝突だけは避けているのかもしれない。厳しい自然と対峙する北欧の人たちならではの気質は、あるいはフィヨルドのように、どこかに深く溜め込む逃げ場を見つけてきたのであろうか。

第五章　スイス連邦の生い立ち――多文化を育んだ国境の仕組み

西ヨーロッパから中央ヨーロッパにある国々の中で、小国ながら最も興味深い国境の成り立ちを持つのはスイス連邦であろうか。その成り立ちは、長い歴史的経緯を持つが、およそ合理的と言えるものであった。つまり連邦は、古くからあるルツェルン同盟という母体を核として、近隣の小邦が連邦への加盟を求めれば受け入れ、連邦はそれにより国境を拡大させてきたからである。連邦は小邦を併合するのではなく、建前としては、あくまでも小邦が加盟を望むことで連邦に加わり、そのため軍事や戦争を展開することなく国境が変更されていった。合意が整えば、小邦は他国から侵害されることのない拠り所を得、連邦は大国としての力を蓄えて経済的にも潤うものとなった。

ルツェルン同盟の誕生

連邦制によるスイス興国の歴史は古く、一二九一年に遡る。それまでスイス一帯は、古代ローマ帝国や神聖ローマ帝国の時代を経て、ハプスブルグ家の統治下にあった。しかし一二九一年、ハプスブルグ家の皇帝ルドルフ帝の死去を契機に、ここ一帯、なかでもルツェルン湖周辺は、地域の安定を図ることを口実にルツェルン同盟を結成する。

同盟は盟約として盟邦の結束と自治体制の樹立を誓うが、それは言うまでもなくハプスブルグ家勢力から逃れるための策でもあり、事実上、ハプスブルグ体制からの離脱と独立を意味した。同盟はまた、域内の人々の生活圏を確保するため、これら山間《やまあい》の地域では自由に山岳地帯を行き来できるものとした。それは、封建体制下、移動を制限されていた地域住民を開放することであり、言わば民主化運動でもあった。このルツェルン同盟がスイス連邦成立の発端であり、今もスイスは同盟締結の日の八月一日を国家記念日としている。

同盟の広がりとカントンとの関係

一二九一年、最初にルツェルン同盟結成の端を切ったのは、ウーリ、シュヴィーツ〔註　シュヴィーツが「スイス」の語原とも言われている〕、ウンターヴァルデンの三つの農村州であった。いずれもがアルプス中央の渓谷地帯に位置している。やがて一三三二年から五三年にかけての一四世紀半ば、この三州に新たにルツェルン、チューリヒ、グラールス、ツーク、ベルンの五州が加わり、八州同盟となった。

このうち最初に同盟を形成したウンターヴァルデンは、一三一五年には、その南半分がニトヴァルデンに、北半分がオプヴァルデンに分かれたため、ウンターヴァルデンの名称自体は消滅した。ただ、現在ある二六のカントン（州）のうち、六地域が準州《ハーフカントン》として連盟に加盟しているが、南北に二分されたニトヴァルデンとオプヴァルデンも、それぞれ準州《ハーフカントン》として同盟内に留まっている。

こうして同盟は、ライン川南西からアルプス山脈とジュラ山脈に至るまでのほとんどの地域を掌握したが、一五世紀後半になると、新たにフリブール、ゾロトゥルンの二州《カントン》をも収めることとなった。さらに、一六世紀早々にはバーゼル・シュタットとバーゼル・ラントの二つの準州《ハーフカントン》に加え、シャフハウゼン、それに、アッペンツェル・アウサーローデンとアッペンツェル・インナーローデンの二準州《ハーフカントン》も続いて同盟に加盟した。時あたかもハプスブルグ家は、バロア家最後のブルゴーニュ侯爵シャルル禿頭公と事を構えていたが、同盟はこのハプスブルグ家にネフルス戦争で勝利し、まさに竜雲に乗る勢いでスイスの名を世に馳せていった。

名声とともに、当然にして財をも蓄え、栄華を誇るようになったスイスではあったが、一五一五年、マリニャーノ戦争で敗北し、その栄華は凋落する。それに呼応するかのように、ツヴィングリを指導者とする新教徒の宗教改革派がチューリヒに潜入し、やがてカトリック系の州《カントン》との間に対立を生じてスイスを内部分裂の危機に晒すことになった。この分裂の危機を救ったのが三〇年戦争（宗教戦争）を停戦させたウェストファリア条約であった。

ウェストファリア条約によるスイス連邦の独立

ウェストファリア条約は三〇年戦争に関わった複数の国の国境制定を図ったが、それは国境制定を当事国同士ではなく国際間で図るべきだとした初の国際条約であった。スイスはこれにより神聖ローマ帝国からの離脱と、統一国家としての独立を認められ、スイスが宣明した永世中立国の立場も了解された。一六四八年のことである。

その後、スイスでは三〇年戦争で疲弊した国家の財政に不満を持つ農民の間に蜂起が起こり、宗教的対立の禍根もあって、政情は必ずしも安定したものとは言えなかった。それでもスイスの同盟は、すでに一六の州《カントン》（六準州《ハーフカントン》を含む）を抱え、初期ルツェルン同盟の頃からみれば、著しく肥大した国家に成熟していたのであった。ちなみに、この時期に至るまでに加盟したスイス諸州は、いずれもがドイツ語文化圏を共有し、わずかにベルン州とフリブール州においてのみフランス語の併用が認められていた。

このような同盟の形成は一九世紀初頭まで変わることなく連綿と続いたが、やがて同盟への新たな加盟が雪崩を起こすように進むのは、一八世紀末期に起こったナポレオンによる一連の侵略戦争とそれ以後のことであった。ナポレオンが皇帝に即位する一年前の一八〇三年には、ザンクト・ガレン、グラウビュンデン、アールガウ、トゥールガウ、ティチーノ、それにローザンヌを首都とするヴォーが連邦に加盟している。

さらに戦争終結後のウィーン会議以後は、ヴァレー、ヌーシャテルがこれに続き、それにわずか遅れて翌年ジュネーブが参加する。ジュネーブの加盟が一年の遅れを取ったのは、ローザンヌとジュネーブを結ぶ回廊がジュネーブ側に確約されるという条件待ちであったからだという。ジュネーブに続き、最後に同盟に加盟したのはジュラであったが、それは、諸州から遅れて二〇世紀後半のことであり、一九七九年、ジュラがベルンから分離独立して新たな州《カントン》を構成したためであった。なお、スイスの連邦制度が正式に採用されたのは一八四八年である。

このように、長い歴史的推移のなかで時間差をつけてスイス連邦に加盟した地方行政区は、もともとはスイス周辺の独立した自治体であった。これらの自治体はそれぞれが国民投票をもって連邦への加盟を決定し、連邦に加盟してからはカントンとしてスイスの地方行政区を構成する。逆に言えばスイス連邦はこれらの自治体、すなわちカントンの結合によって成り立ち、カントン同士はいずれもが対等な関係にあって、連邦に対しても従属するものではない。たとえばジュネーブの正式呼称は今でもRepublic Canton of Genevaで、独立した自治体であることを表明する。一方、準州《ハーフカントン》の場合、州《カントン》と同じように自治権をもち、州《カントン》との関係も対等であるが、ただ規模が小さいため、代表権は州《カントン》の半分となる。準州《ハーフカントン》の成り立ちは、宗教的理由その他で州《カントン》が二分されるなど、歴史的経緯に負うところが多い。

カントンの自治とそれぞれの公用語

カントンの独立した立場を表す別の一例として、カントンは自州の公用語を別個に定めていることがあげられよう。その結果、スイス二六州のうちドイツ語のみを公用語とする州《カントン》は一七州、フランス語のみを公用語とする州《カントン》は四州、ドイツ語とフランス語の二国語を併用している州《カントン》が三州、イタリア語を公用語とするのが一州あり、そのほか、ドイツ語とイタリア語とロマンシュ語の三か国語を併用する州《カントン》が一つある。だが主流はドイツ語で、ドイツ語を公用語とするカントンが圧倒的に多い。

ちなみに、公用語の使用頻度を人口との比率で見れば、刻々として変わる人口動態や、さまざまなメディアソースの扱い方でデータにばらつきはあるが、FSO（連邦統計局）が二〇一七年上半期に公表した統計では、ドイツ語が公用語として使われているのはスイス全土で六三パーセント。二番目の主力言語はフランス語だが、ドイツ語との差は著しく大きく、わずか二二・七パーセントに過ぎない。次いでイタリア語が八・四パーセント、ギリシャ語が方言化したロマンシュ語はマイノリティーで、〇・六パーセントである。また、別の資料になるが、ドイツ語のネイティブ・スピーカーの人口比はスイス全人口の七三・二パーセントに当たり、フランス語は二三・一パーセント、イタリア語系住民は六・一パーセント、さらにロマンシュ語系住民は〇・七パーセントとなり、いかなるデータを見ても、公用語としてのドイツ語が圧倒的強みであることは明解である。

この多言語が交錯する状況を州《カントン》単位で簡単にまとめれば、早い段階で同盟を構成した州《カントン》にドイツ語圏が多く、逆に近代になって加盟した州《カントン》にフランス語圏が多くなっている。特に一九世紀以降に連邦に加盟した一〇州のうち、その半分の五州、すなわちヴォー、ヴァレー、ヌーシャテル、ジュネーブ、ジュラがフランス語を公用語としている。

スイスの代表的イメージ――アルプスとレマン湖

このように自治体制や言語などに多様性を持つスイスでありながら、誰もが連想するスイスの代表的イメージはアルプスの山々やレマン湖かもしれない。スイスの象徴とも言えるこれらの大自然は、地域で言えばスイスのどの辺りにあるのであろうか。

スイスには、スイス・アルプスとジュラ山脈の二大山系があるが、スイスの大部分はその二つの山脈に挟まれるように位置している。すなわちアルプス山脈はスイス南東にあるイタリアとの国境付近から連なり、その北側の谷間《たにあい》にはスイス中央部を東西に横切る広大な台地が広がり、それがスイス高原を形成する。その広がりはスイス国土の三分の一にも及び、国民の大半がそこに住んでいる。

今一つの山脈ジュラは、スイスの西にあるフランスとの国境沿いをレマン湖からフランスへと南北に走っている。スイス領内では、ローザンヌのあるヴォー州付近から北のバーゼル・シュタット準州付近までスイス高原を経て縦走する。ただ、スイスでアルプスとジュラの両山系を望めるのはヴォー州のみである。

もとよりスイス・アルプスには、四〇〇〇メートル級の山が四八峰も数えられ、当然山岳登山者や観光客を惹き付ける。スイスの地域で見れば、マッターホルンやアイガー北壁への登山口となるグリンデルヴァルトやユングフラウに通じるインターラーケンは、中部山岳地帯のベルン州にある。もっともアルプス最高峰となるモンブランはフランスに属し、ジュネーブからあれほど間近に見えながら、その山麓ですらもスイスがモンブランと国境を交えるところはない。

一方、スイスをイメージさせるもう一つのシンボルとなるレマン湖は、スイス全体からみればスイス南部にあり、レマン湖で言えば、その河口付近にジュネーブやローザンヌの町がある。特にジュネーブは、いみじくも英語ではジュネーブ湖と言うように、レマン湖をあたかも独占するかのようにフル活用し、レマン湖もまた存分にジュネーブの市民生活に溶け込んでいる。ありふれた観光写真にもあるように、湖畔の広場ではジュネーブを象徴する噴水が高々と水煙を上げ、夏ともなればそこで花火が打ち上げられる。湖水にはレストランが艀《はしけ》を設け、料理の匂いも、話に興ずる声高の騒音も意に介せず、人々はレマン湖畔で開放的な夏の夜を楽しんでいる。

その河口では定期的に渡し船が対岸まで往復し、対岸に渡ればジュネーブ郊外が広がって、かつての荘園主の館を偲ばせる家が建っている。一方、この渡し船とは別に、レマン湖には本格的なクルーズを楽しむ遊覧船も行き来する。船はジュネーブを出航して間もなくヴォー州のモントルーにあるシオン城に、さらには同じ州にあるローザンヌに寄港する。その先、船はレマン湖を周遊してジュネーブに戻っていく。

だが、レマン湖についてはこれらジュネーブ州やヴォー州のほかヴァレー州もまた、その領有権を持っている。しかも、ヴァレー州の先にはフランスの町々が湖畔に広がり、実際のところレマン湖の面積の約五分の二はフランス領で、スイスが領有するレマン湖は湖全体の五分の三に過ぎない。もともとレマン湖の源流はアルプスのローヌ氷河が流れ込むローヌ川で、流れはレマン湖の西端となるジュネーブを通り、再びローヌ川として地中海に注ぐべくフランスにと帰っていく。つまりレマン湖は、スイス・フランス両国のものなのである。

スイスの国際都市、ジュネーブ・チューリッヒ・ローザンヌ

このレマン湖を囲むローザンヌやジュネーブは、スイスでは最大人口を抱えるチューリヒは無論のこと、バーゼルやスイスの首都ベルンとともにスイスの五大都市を形成する。ただ、スイス南部にあるジュネーブとローザンヌが主としてフランスと国境を接してフランス語を公用語としているのに対し、チューリヒとバーゼルは北でドイツと国境を交え、さらにベルンも国境こそ接していないが、ドイツ語圏の中枢部にある。

ちなみに、二〇一八年の政府公式データに基づくこれら五大都市の人口を多数順に挙げれば、チューリヒ［三四万一七三〇人］、ジュネーブ［一八万三九八一人］、バーゼル［一六万四四八八人］、ベルン［一三万三一二一人］、ローザンヌ［一一万六七五一人］となっている。なお、ベルンはスイスの首都で、バーゼルと同様、中世の趣を留める美しい街並みを誇り、世界遺産にも登録されている。

だがこの五大都市の中で、あえて特筆したい町は、チューリヒ、ジュネーブ、ローザンヌであり、その絞りこんでの共通点は、それらが単に大都市であるのみならず、多くの外国人を受け入れて、近代的な商業都市・国際都市として発展していることである。なかでもジュネーブは国連機関や赤十字の拠点があるほか、商業・外交の中心地となっている。現に、金融都市としてジュネーブはロンドン、チューリヒに次ぐ世界三番目の都市であり、それはフランクフルトをも抜く勢いをもつ。そうした国際化が作りだすのか、ジュネーブの町はどこか洗練されたところがある。

ジュネーブは国際都市であるために膨大な雇用の場を創生し、その職場に町の外から通う人も少なくない。そのため、ジュネーブへの通勤範囲とされる三〇分を越すような遠隔地域をも対象として、労働市場以外でも協働できる「拡大ジュネーブ」の構想もある。片やジュネーブ市内では移民の流入も増えて人口が毎年増え続け、そこに開かれた国際都市としての特徴がある。言語もフランス語以外に英語が一般的に通用する。多様な人たちが行き交い、国際色を呈する。その華やかさから私たちは、とかくジュネーブがスイス文化を代表するかのように思いがちだが、ジュネーブはスイスが抱える多様性の一つに過ぎない。

一方ローザンヌは、ジュネーブ州の北隣りとなるヴォー州の州都で、州はレマン湖の北岸一帯を一括領有する。ローザンヌは世界の金融都市と称されビジネス界が注目する都市ではあるが、むしろ、その美しい景観に惹かれ多くの観光客が渡来する。実際、湖水に建つホテルから窓外を見れば、ローザンヌの自然美は人々を魅了して止まない。

ローザンヌはジュネーブと同じ側のレマン湖畔に位置するが、正面に見えるアルプスはフランス領となり、ここではフランスとスイスの国境は山の中にある。陽のあるうちは雪を頂くアルプスの山頂がキラキラ光り、やがて暮れなずむ頃には人家に灯りがともって夜の煌めきがこぼれるように山中に広がっていく。振り返れば、道を隔てた反対側の高台から湖に滑り落ちるように斜面が走り、その斜面に群立するホテルや家並みの灯りが一層に陰影深い景観を作りだしている。時変り早朝ともなれば、湖の対岸にうっすらとともる灯りが見え隠れする。だがそれも一瞬で、山々の頂は茜色に染まり、やがて目の前に微動だにしないフレンチ・アルプスとレマン湖の雄姿が静かに浮かび上がってくるのである。

この絶景の中で、ローザンヌでは観光が生み出す豊かな経済力をもとに市民生活は安定している。そのせいかローザンヌは世界でも最も住みやすい都市の一つとされ、教育や研究機関も充実し、特に海洋学では世界をリードする。

ローザンヌはジュネーブと同じく州の西でフランスと国境を交えるが、北部地域はベルンやフリブールなどドイツ語圏と接している。そのためか、ヴォー州の公用語はフランス語でありながら、首都ローザンヌでは事実上、ドイツ語がフランス語とともに共通言語となっている。多くの人々はある程度は英語を解するが、しかしジュネーブと違い、公式用語に英語は入らない。

一方、もう一つの大都市チューリヒは、ジュネーブと同様、町名と同じ名を持つ州の首都で、しかもジュネーブと同様、国際商業都市である。実際、古くから大手の銀行や投資ファンドがチューリヒの金融市場を窺い、街の繁栄をもたらした。有数の美術館を持つなど文化面でも高い水準を持つが、治安も良く、街のインフラ整備も整っている。

チューリヒは鉄道、道路においても交通網の拠点であり、チューリヒ国際空港では、世界の航空会社が各社乗り入れ、世界主要都市への要衝になっている。日本航空も、今ではスイスへの直行便はないが、かつて空港拠点を大幅に整理した際も、チューリヒだけは少なくとも二〇〇七年まで手放すことはなかった。

チューリヒ州は、ジュネーブ州や、ローザンヌのあるヴォー州がスイス南西部にあるのに対し、連邦内では最北の州となる。つまり、チューリヒの北はドイツとなる。また、チューリヒはスイス連邦結成のきっかけとなったルツェルン同盟初期の盟邦でもあって、連邦の歴史を牽引してきたところがあった。その公用語がドイツ語であることは言うまでもない。

スイスは四方を五か国に囲まれ、北はドイツ、東はオーストリアとリヒテンシュタイン、南はイタリア、西はフランスと国境線を交えている。ギザギザに切って取ったような境界線がスイスを囲んでいるのである。険しい山岳地帯を除けば国境を越えての行き来は自由で、国が違っても生活圏は往々にして交錯する。それでも国境線は重要な防衛ラインであり、住民にとっては、何としても固守すべき砦である。それは、すでにみた同盟の拡充が示すところであろう。

国境と州境を越えるモンブランへの旅

この入り組んだ国境線をまざまざと私に見せつけてくれたのは、モンブランを見たいと小旅行に出かけた時のことであった。私が、一九九四年頃から毎年、定期的にジュネーブの町に赴いたのは、ジュネーブに本部を持つ国際大学女性連盟の理事を引き受けていたからであった。ことに一九九五年から六年間にわたって二期連続で副会長を務め、二〇〇一年に会長となってからは三年間、毎年一度か二度、時には三度ほど、一〇日間以上もジュネーブに滞在しなければならないこともあった。

ジュネーブにいる間、宿泊先のホテルがレマン湖のすぐ近くにあったこともあり、私はほとんど毎日早朝、レマン湖畔に広がる公園や小道での散歩を楽しんだ。三月頃だと、ちょうど真黄色のレンギョウが咲き乱れ、ジュネーブは色のなかった冬から抜け出したばかりであった。

ジュネーブには何度も行ったのに、目の前にあるモンブランは遠くに拝するだけで一度も近くで見たことがなかった。それを聞き及んだオフィスの人たちは驚き、ついに事務局長ミュリエルが、今回は帰る前に必ずシャモニーに連れていくと言って実行に及んだ。

朝一一時頃、ミュリエルの車でシャモニーに通じるハイウェイを一路走った。シャモニーはフランス東部に位置するオート・サヴォワ県にある町で、ヨーロッパ・アルプスの最高峰モンブランとそれに続くモンブラン山群の山麓に横たわる小さな渓谷の町である。正式にはモンブラン・シャモニーと言い、通称がシャモニーとなる。そのシャモニーに麓を落とすモンブランはと言えば、さすがに西ヨーロッパ最高峰の山だけあって標高は四八一〇・九メートル。地理上の位置関係としては、フランスとイタリアが国境を交える所にモンブランはある。したがって、スイスが直接モンブランと国境を接することはない。

そこでジュネーブからシャモニーに向かうルートでは、私たちはジュネーブ近郊のアンヌマスというフランスの町で、まずスイスとフランスの国境を越えた。そこから先、フランス領内のシャモニーに向かうハイウェイを走った。ちなみに、ハイウェイをそのまま真っ直ぐ進めば、その先はモンブラン・トンネルに通じている。そのトンネルを、つまりモンブランの山の下を二〇キロメートルほど走ればイタリア側の出口となる。それは、かつて一九六五年のバス旅行で越えた仏伊国境であった。そこにはイタリアのアオスタ渓谷が広がり、クールマイエールの町がある。もしトンネルを通れば、またしてもフランス・イタリア間の国境となるのであった。

シャモニーへのハイウェイを走るうち、ジュネーブではレマン湖を隔ててしか拝むことのできなかったモンブランが、少しずつ私たちに近づいてきた。両袖に広がる山肌が次第にハイウェイを取り囲むようになるのだが、それでもハイウェイの構造上、山の樹林に触れるほどではない。山が迫ってくる厚巻はその先、電車に乗り換えてからであった。

高速道路のルートから脇道に入り、私たちは登山電車の麓駅に車を置き、登山鉄道ル・モンテンヴェールに乗り換えた。箱形をした朱色の電車は二両連結。小型で運搬人数もさほど多くないが、思ったよりも乗り心地は安定していた。古く、一九〇八年に創業された代物である。

麓の駅を出て間もなく、電車は急勾配で坂を上りはじめた。側面の窓外には、次々と電車に追い越されていく樹木が動画のように躍り、斜めになって見える山が滑り込むように視界に入ってきた。まさに私たちは今、モンブランの胸中に抱かれているのであった。乗車してから約二〇分。終着駅となる登山電車の頂上駅は標高一〇三六メートルの高台の上にあった。いかにも急な勾配を上がってきたものである。

見晴らしの利く高台の眼下には、ゲレンデを滑走するスキーヤーの姿がちらほらと見え、広々とした雪原が一面に続いていた。その高台から今度はロープウェイに乗り、私たちも眼下の雪原に向かって下降する。しばらくしてロープウェイは終点に達し、そこからは徒歩で降りるほかはない。

二四〇段もの階段を岸壁の淵にある手すりをたよりに降りきると、そこには氷河メール・ドゥ・グラースの河口が横たわっていた。この「氷河の海」は滑り落ちる長さが一四〇〇キロメートル、幅は七キロメートルに及び、名前どおり、フランス最大級の大氷河である。しかもモンブラン北壁に刻まれるこの大氷河は、実は三本の氷河が流れ込んでいて、氷は厚さにして二〇〇メートルになるという。もっとも氷河の大きさそのものは、世界の氷河にも共通して言えることだが、年々スケールを小さくしているとも聞いた。

氷河の上には人工の洞窟が掘られていて、氷室の中に入れば氷の彫刻が並び、さながら氷の美術館となる。氷河は年々七〇メートルは移動するため、この氷室も毎年新たに掘り直すのだという。ケーブルカーの駅近くには水晶の博物館もあって、モンブランで採掘される水晶が煌めいてウィンドーを飾っていた。

帰路はまたもや国境を越えて

氷河の神秘さに打たれての帰り道は、再び溜息の出そうな急な階段を登り、ケーブルで高台に上がってから、登山電車ル・モンテンヴェールでモンブランの裾野を下っていく。どこの行程でもそうだが、全く同じ道を行きながら、上りと下りとでは景色を異にするかのように新鮮な帰路が待っていた。山を降りた時はすでに夕刻五時を回り、再び車を走らせてハイウェイにと戻れば、あいにく降りだした雨に車道も山々も濡れ、煙った風景が広がっていた。そして行きと同じく私たちはフランスとスイスの国境を跨ぎ跨ぎしながら、ジュネーブにと戻った。それはかつてジュネーブからローザンヌに出向いた時、レマン湖を一周し、山また山の絶景を前に国境を出たり入ったりした経験とも重複する。

シャモニーからジュネーブに帰る途中、行きのハイウェイとは違って山沿いにフランスからスイスへの国境を越えた。そこはジュネーブとは別のカントンとなるヴァレー州で、小さな町マルティニがあった。ヴァレーからはローヌ川に沿って走り、次いでレマン湖畔を行く。その先、六〇キロメートルも走れば再び国境となり、またまたフランスに入ってエヴィアンの町に出た。その町の小さなカフェーに入り、私たちはお茶を飲むことにした。さりげない鄙びた街道筋の喫茶店であった。

店はフランス領内にあったが、無論パリのような大都市とは違い、これがフランスだという特徴一つあったわけではない。さりとて隣村のジュネーブとはおよそ違っていた。むしろ、その店の雰囲気といい、人の身なりといい、かつてオーストリアやイタリアで垣間見たアルプスの山沿いの町々にどこか似ているように思えてならなかった。山沿いの町だからこそ、フランスでもなくスイスでもなく、その隣り合わせにあるオーストリアやドイツやイタリアと同じ雰囲気を共有しているのであろうか。

山岳地帯を一体化して考えるのは現実的ではないかもしれない。なぜならば、山岳地帯の自然環境は厳しすぎ、山間を繋ぐ交流のルートはそう多くないからである。しかしハイウェイのような交流するに大掛かりなルートがなかったとしても、山の人々に共通する生活の基盤と必要性から、国境にかまわず山道を行き来することがあったに違いない。

たった一日でありながら、シャモニーへの小旅行ではジュネーブで味わうのとは全く違うスイスの雰囲気を満喫した。それは、ジュネーブがスイスにあり、シャモニーがフランスにあるからなのであろうか。いや、そういうことではなく、私が通い詰めたジュネーブこそが、実はスイスにありながらスイスの全体像を語るものではないからかもしれない。

スイスの多面性と独自性、そして意外な保守的気質

スイスが他の国と多く国境を接するということは、思えばさまざまの局面を生みだしている。国境を接するがゆえに山岳地帯が持つ独特な田園風景を共有する半面、同時にスイスは、一つ国でありながらジュネーブのような別な顔を作り出している。

開放的で国際的なジュネーブの町。一見、「人見知りをするような」慎重で閉鎖的な山沿いの地域。その両面を併せ持つせいか、スイスには案外に古風な側面がある。郷土心に燃えながら不当なハプスブルグ家の領主に反発し蜂起するという、武骨で一徹なスイス人堅気。それはスイス人が好むウィリアム・テルの戯曲が語るところでもあるが、スイス人の誇りと愛国心の表れでもある。その武骨で勇猛果敢な気風はジュネーブが持つ開放性とはどこかでそぐわない。

そういえばスイスは、女性の政治参加を是とする法案通過が世界でも著しく遅れをとった。それは、スイスにある二六のカントンに自治の権限が託されてきたこととも関連があるかもしれない。しかし同時に、ウィリアム・テルの逸話にも残される市民の自治精神の表れは、実は郷土愛だけではなく、村の古いしきたりをもまた団結して守ってきたからではなかったのか。

例えば女性の政治参加にしても、それぞれの地方議会で可決されない限り国の法整備は進まない。二六州《カントン》のうち、女性の政治参加を最初に認めたのはヴォー州であった。一九五九年のことである。第一次大戦後に欧州の趨勢が競うように女性参政権を認めた動きに比べれば、ずいぶんと遅い変化であった。ちなみに第二次大戦終結後に日本でも婦人参政権が認められたが、それよ

りもさらに一〇年余遅れている。

だが、問題はその先で、ヴォー州に続き少しずつ女性の政治参加が州別に認められていく中、二六州《カントン》すべてが一気に動いたわけではなかった。最後の承認州となるアッペンツェル・インナーローデンが女性の参政権を認めたのは一九九〇年。しかも、連邦裁判所の介入を受けて実現したのであった。

面白いことに、スイスで初めて女性の参政権を認めたヴォー州に続いた州《カントン》は、ニューシャテル州が同年に、ジュネーブがその翌年にと、偶然かもしれないがフランス語圏の州《カントン》であった。ちなみにしんがりとなるアッペンツェル・インナーローデン、アッペンツェル・アウサーローデンの二州はドイツ語圏であった。

国連人権委員会の本部があるジュネーブで、毎日ホテルから事務所に行く間、私は否応なしにこの人権委員会の建物の前を通っていた。ここから世界に向け発信される人権侵害への警告がスイス国内には届かないのではないかと、もどかしくも不思議に思う日々であった。スイスは保守的なのか、革新的なのか、この答えは短絡には引き出せない。しかし、同時にジュネーブにいただけでは見えない面をスイスが持っていることだけは確かであった。

友人のスイス人は、スイスに生まれ育ちながらも多様な面を持つ自国独特の文化に戸惑うこともあるという。生まれ故郷のジュネーブを離れベルンに職を得て移り住んだ息子や娘たちが、同じスイス国内なのに地域によってこうも考え方が違うのかと悩み語ることもあるという。それでもドイツ語圏にせよ、フランス語圏やイタリア語圏にせよ、たとえ相互の文化的差異を意識することはあっても、スイス人が自国に対して持つ連帯感と誇りの強さはどこにあっても変わらない。それは、長い歴史的経過の中で国として生き延びていくための創意が生んだ不可欠な結果であることを認識しているからだという。

スイスが永世中立国であることも、あるいは国際連盟の本拠地でありながら国際連盟に加盟しなかったことも、またつい最近まで国際連合にすら加盟してこなかったことも、さらには今なおEUに加盟していないことすら、国が生き延びていくための最善策であったのだという。それは妥協でもこだわりでもなく、最も現実的な策だと判断して受け止める。これから先スイスが分裂するのか、より結束を強めるのか、先のことは誰にもわからない。だが、スイスという多様性国家はきっと生き延びる策を模索し続けるであろうと友人は言う。

連邦を構成する国では地域によって一面的でない文化を共有する。アメリカ合衆国を見れば、地域差と発展の時間差がこれほどまでに一つの国の中に多様性を生みだすものかと驚嘆する。同じようにスイスもまた、連邦国家として多様性があっても不思議ではない。小国ながら頑として中立を保つのは、理念ではなくむしろ現実的な保身術でもあるのだろう。ルツェルン同盟が未来を見据えて連邦体制を生んだように、現実性を重視する小国の慎重さがそこに窺えるのである。

(本編ではカントンの表記が不統一となっている。基本的に、行政区分としてはカントンまたは州《カントン》、ヴォー州のような地名や八州同盟のような慣用句または数値を伴う場合については州を用いた。)

第六章　スペインの信仰と財宝——国境を度外視した異母きょうだいの融合文化

スペインは誰にとっても憧れの地。一度は行ってみたいと念じ、そして一度訪れれば再度行ってみたいと思う。人は皆、観光や巡礼の旅で似たようなルートを辿り、同じようなものを見、しかも飽かず眺めて帰ってくる。無論私もその一人である。それでも人を惹きつける何かがスペインにあるとすれば、それはスペインの起伏激しい大自然をバックに、せめぎあいと融合と相互尊重が作りだすイスラーム・ヨーロッパ芸術の混交、そして過去と現代が奇妙に混ざりあう悠久の美の世界があるからかもしれない。

二〇〇三年三月から四月にかけての陽春の候、私はジュネーブでの仕事を終え、初めてのスペイン旅行となるバルセロナに直行した。ジュネーブでは必帯であった二重コートの裏地《ライニング》を外し、身軽になっての旅行であった。

スペインという国

スペインの歴史は古く紀元前にまで遡るが、ローマ帝国の支配がイベリア半島に及んだその後は、ゲルマン人や西ゴート族が侵入し、多数のキリスト教王国を築いていった。しかし、王国は八世紀初め、北アフリカから移住し始めたイスラーム部族により制圧され、さらに時経ってイスラーム部族間で対立が激化すると、今度はそれに乗じたキリスト教徒がレコンキスタ（失われた領土の回復）を合言葉に奪回をはかり、両者間には積年の激しい攻防が繰り返されていった。

領土奪回の先鋒に立ったのは、イベリア半島の二大王国アラゴンとカスティーリャであったが、やがて結婚により両王室が結ばれると、イベリア半島には統合されたキリスト教支配が再興された。その後、ハプスブルグ家やブルボン家などヨーロッパ系の王朝が王位継承権をもって支配するようになり、ここにスペインの黄金時代が築かれていく。やがて一八世紀末には、ナポレオンによる征服、果ては、第二次大戦前の内乱、フランコ軍政下での王位廃嫡など、国家を二分する事態となったが、戦後、王は復位し、現在、立憲君主国家の体制をとっている。

スペインの領土と地域文化圏

スペインは、島国の日本よりは広いが、その総面積は世界ランキングで言えば五二番目で、日本の一・三倍にしかならず、広すぎる国ではない。イベリア半島に位置するスペインは、南東では地中海、北西では大西洋、北東ではピレネー山脈と、自然の境界線に囲まれている。それでいて、半島の西ではポルトガル、南では英領ジブラルタル、北ではフランス、そしてアンドラ公国とはピレネー山脈で国境を交えるほか、飛び地となる北アフリカ沿岸のセウタ、メリリャでモロッコと接している。さらに地中海にはバレアレス島、大西洋にはカナリア諸島を持ち、スペインが他国と接する箇所は多い。

しかしスペインが持つ問題は、多面的な国境というよりも、むしろ国内の複数民族や言語にあるかもしれない。言語で言えば、カスティーリャ語を母体とするスペイン語が公用語としては広くスペイン全土で使われているが、ヴァレンシア語を含むカタルーニャ語、バスク語、ガリシア語、アラン語のいずれもが地方公用語として認められ、さらに、アウストゥリアス語、レオン語、アラゴン語もまた、それぞれの地域で使用されている。

民族も、現在ではラテン系のスペイン人が多数派を占めるが、言語の数に準じるほど多くの地方部族が地域に執着し、地方文化のアイデンティティーを主張する。カタルーニャやバスクがその一例として挙げられよう。

一方、地方文化を象徴する地域区分は、現代の行政区分で言えば一七の自治行政区域に分かれている。バルセロナがあるカタルーニャ州を始め、バスク民族のバスク州、コンポステラの巡礼で知られるガリシア州、オレンジで知られるヴァレンシア州、歴史色豊かなアラゴン州、セビリア・コルドバ・グラナダのあるアンダルシア州などがある。ここではこれらいくつかの州で実際に目にしたものを通し、歴史の中に息づく融合文化を辿ってみたい。

カタルーニャ、バルセロナの美

午後三時一五分、ジュネーブから乗った飛行機はバルセロナ空港に到着した。空から見た空港付近は車や倉庫らしき建物がやたらに並び、あまりいい景色とは言えなかった。だが、街中に出ると景色は一変し、バルセロナの目抜き通りグランヴィア・デ・レ・コルト・カタランの美しい並木道に目を奪われる。

全長一三・一キロメートル。バルセロナでは二番目に長い大通りだが、数多い街道がこの通りと交差する。グランヴィアは「大通り」を意味するが、通常、グランヴィアと言えばカタラン通りのことなのだそうである。そのグランヴィアが別の大通りパセオ・デ・グラシアに繋がった所に私たちの泊まるホテルはあった。ここで東京から来た友人と合流し、私たちのスペインの旅が始まった。

翌朝、友人が提案した一日行程のバス旅行で、バルセロナ郊外にある小高い丘の上の教会モンセラート修道院に行くことになった。町を抜け、一時間あまり勾配のある山を登ると、鋸のように鋭く尖って聳える山懐にと入っていく。そもそもセラートとは鋸を意味する言葉で、山の形状がそのまま「鋸山《モンセラート》」という地名の由来となっている。この絶壁を這うようにして昔、修業の僧たちは山頂まで登りつめ、あえて俗界から身を隔絶し、天空の世界に通じようとしたのだろうか。隠遁のスペイン観想修道会の原点をみる気がした。

時刻は一一時。眼前に建つベネディクト修道院が鐘を鳴らしミサの始まりを告げた。その日はたまたまイースター前の日曜日に当たり、教会の暦では聖週間の始まりであった。そのためか堂内は観光客や信者で溢れ、かろうじて入堂する人々の列に付き粛々と進めば、やがて主聖堂内にある祭壇が目に入る。

祭壇の造りは燻し銀のような渋いくすんだ色に覆われ、ヨーロッパやスペインの他の寺院で見るような金ピカに輝く教会の風情とは極端に違っていた。重厚でありながら研ぎ澄まされた感性が漲《みなぎ》っていて、まるでカタルーニャの自然美を壊さないように、控えめに身を紐しているように見えた。この修道院は、壮大なゴシック様式に、所どころロマネスク様式やカタルーニャ伝統の建築法を取り入れた独特のバジリカ建築〔註　長堂式の聖堂で、中央アイルと柱に隔てられた側廊を持つ教会建築〕だが、その建物は剝き出しの荒々しい岩の壁にそっと寄り添うように建っている。

修道院についての見どころはいくつかあるが、その一つとして主聖堂となるチャペルの正面祭壇裏側に安置されている黒色の聖マリア像があげられる。チャペル内の袖となるアイルを進み、祭壇の裏側へ回る狭い階段を数段昇って角を折れると、壁沿いの厨子の中にイエスと地球を抱く小さなマリア像があった。ブラック・マドンナである。金色の衣を纏い、黒色で肌を覆ったマリア像は中世の伝統を引くもので、ここモンセラートだけにあるわけではない。それでもマリア信仰が生む奇跡の言い伝えとともに、ブラック・マドンナを礼拝するためだけにここモンセラートを訪れる人も少なくない。

モンセラートへの旅は、バスツアーといってもガイドもなく、現地到着後は一時解散し自由行動となる。帰路は往路と同じバスが一定の時間で発車する。時間ぎりぎりまでチャペルに居た私たちがかろうじて車に戻ると、バスは再び狭い急勾配を降りていった。そこには、鋸山など嘘のように平らかなカタルーニャの平原が広がり、午後三時前には私たちは街に戻っていた。丸一日しかないバルセロナでは、欲張ってそのままタクシーを飛ばし、プロヴァンサ通りにある聖家族教会《サグラダ・ファミリア》を訪れた。

バルセロナに来れば誰もが一様に立ち寄るであろうこの建物に、今さら改めての説明は不要かもしれないが、この教会は、一八八二年に基本計画が着手されてからいまだに建物全体が完成されていない。もともとは世俗化が進み、薄れゆく教会への関心を取り戻そうと一心発起した一信徒の思いに建立は端を発したという。最初に着手されたのは教会の後陣部分に当たる地下礼拝堂で、ごく標準的なゴシック様式の復元をバジリカ型の聖堂に託していた。

翌年、後陣礼拝堂が完成して間もなく、初代の設計技師ヴィラーが辞任し、その後任としてアントニー・ガウディーが任に就いた。やがてデザインは一変され、ガウディーの描く独特な宇宙観が丹念に表現・演出されていく。しかも、「急ぐ仕事ではない」と悠然と構えていたガウディーは、一九二六年、建造未完のまま他界する。その時、教会の完成度はわずか一五パーセントから二五パーセント程度であったという。

ガウディーの死後、その門弟となるドメネック・グラが仕事を継ぎ、一〇年かけて聖堂正面を完成させた。おりしもスペイン内乱が勃発し、未完の建物やガウディーの多くの作品はカタルーニャ無政府主義者たちの手で破壊され、焼失した。第二次大戦後、破損された部分の修復や本来の続行作業も年ごとに進み、部分々々が見られるようになった。近年ではコンピュータの導入や、バルセロナ・オリンピックを契機に海外からの関心も強まって募金も順調に集まり、今のところ二〇二六年が作品完成の目安と言われている。

完成が待たれる中、まさにいろいろな人の手を経て聖家族教会《サグラダ・ファミリア》の大聖堂は、スペインの歴史を刻み込んできた。建物のモチーフは果たしてモザイク的となるのかそれともコラボレーションの成果となるのか、人々は固唾を呑んで完成を見守っている。カタルーニャの意地と自己主張が横溢するかのようでもある。

聖家族教会《サグラダ・ファミリア》を出るとすでに夕方近くなり、外はあいにく雨模様であった。あとは言うまでもなく急ぎ足の観光となったが、街に溢れたガウディーの建造物を人並みに見て回る。グエル公園、カッサ・ミラ。カッサ・ミラもカッサ・バトロもまた、ガウディーとその門弟グラとの共作と聞き、バルセロナの街を跋扈するガウディー芸術の髄を否応なしに印象づけられることになった。

翌日は月曜日。午後にはマドリードに向けて出立するので、午前中にバルセロナのカテドラル、大聖堂を参観する。小一時間もかけて街並みを抜けるように歩いていった。行き着いた聖堂には圧倒されるほどの厚塗りの壁画が堂内に溢れ、金一色の飾りつけが十字架と言わず、聖櫃と言わず、所構わず施され眼が眩むほどであった。たくさんの小聖堂を脇に従えた正面の主聖堂は無論、圧巻であった。他者をも寄せつけない、かつてのスペインの黄金時代を文字通り反映させているようだった。

カテドラルの帰り道、「王様の階段」（または、「王の広場」）を探して聖クララ教会まで行くと、教会脇にまるで東京は日暮里にでもあるような何気ない石階段があった。だがそここそは大航海時代のクリストファー・コロンブスが階段を駆け上がって、スペイン王フェリペ二世とイザベラ女王に新大陸発見の「歴史的報告」を告げた場所だという。

感慨一入《ひとしお》の一時は瞬く間に過ぎ、先を急ぐ私たちは歴史的瞬間からリアルタイムに引き戻され、私たちもまた慌ただしく時の階段を駆け上らなければならなかった。一〇時半にはホテルをチェックアウトして空港に向かう。マドリード行きのイベリア航空便は、一二時〇五分発。そしてその二時間後に私たちはマドリードに入り、さらにその一時間後にはもうマドリードの街中を歩いていた。時間と距離を大移動しながら、私たちはちょっと前までいたスペイン北東部の地中海沿岸地区カタルーニャから、アラゴン地方を飛び越え、カスティーリャ地方の北にある中央都市部のマドリードへと、斜めに切って横滑りして来たのだった。

マドリードとトレド、歴史を凝縮した町々

ホテルの二、三軒先の並びに、スペイン国立美術館プラドがあるのだが、その日は月曜日で休館。代わりにソフィア王妃芸術センターを訪ねることにした。ホテルからはちょっと歩くが、向

かいの通りを進み、アトーチャ駅を過ぎてサンタ・イザベル通りの少し奥まった小道を入ると、一見、学校かと思えるような殺風景な建物があり、それが芸術センターであった。もともとは一八世紀に病院として建造されたものを改造したと聞き、なるほどどと思える建物であった。

館の外付けのエレベーターを使って早速、上の階にと昇れば、ホールにはピカソの逸品ゲルニカが展示されていた。年経ってフランスからアメリカを経てやっと里帰りしたこの曰《いわ》くつきの大作からは、画家の、あるいはスペイン人の煮えたぎる思いが、街を走り抜ける猛牛にも似たすさまじさで怒濤のように押し寄せてくる。一九三六年のスペイン内乱。黒いゲルニカの絵が叫び、喘ぎながら救いを求めるその先に、果たして希望は見えるのであろうか。

翌日午前中はプラド美術館。おりしもフェルメールの特別展が開催中で、そうは多くないフェルメールの作品に加え、その弟子たちの作品も展示されている。そのあとプラド秘蔵のミケランジェロ、デューラー、ゴヤ、ルーベンス、エル・グレコなど、圧巻を見放題見て、午後一時頃まで目一杯ここで過ごした。

午後二時、トレド行きの観光バスでトレドに向かう。道中、ハイウェイでは郊外の広がりが車中からも望めてちょっとした遠足気分であった。トレドの町に入ると、様相は一転して古く狭い街並みが走り、バスを下りた私たちはカテドラル、サント・トメ教会、エル・グレコの生家、ユダヤ教の礼拝堂であるシナゴーグなどを順序よく見て回った。お決まりの観光ルートである。

ゴシック建築のカテドラルは、入るなり、空に向けて大きく開口されたドーム天井に目を見張る。度肝を抜く壮大な規模と、まるで別世界的な発想に気を取られ、知らず知らずに誰もがあんぐりと口を開けて見てしまう。大きくくり抜かれた丸天井の窪みには、周辺を取り巻く無数の天使や聖人の像が浮き立ち、踊り、輝いている。そして、カテドラルの随所に金ピカの壁画が空間を埋め、道に迷いそうなほど数多くの小聖堂が立ち並ぶ。

外に出て、シナゴーグへ向かう細い道は、思いなしかエルサレムのゴルゴダへ続く石畳の坂道を連想させる。そう言えば、スペインのどこに行ってもアラブ人とユダヤ人とキリスト教徒が混合し、共生し、日常生活を営んでいる。無論、共生に至る道は厳しく、あるいは今も危うい生活なのかもしれない。しかし、融合は政策ではなく、日常の人々の営みにより長い年月をかけ生みだされてきた成果だと思うと、文化の違いが亀裂を生まずに済む智恵がどこかにあるに違いない。だが、スペインにはアラブやキリスト教徒のほか、固い絆を持つバスク民族、あるいは少数民族ロマ人たちもいる。スペインを語ることはそうたやすいことではない。

トレドへの旅の翌日は、終日マドリードの町を探索した。初めてのスペイン、初めてのマドリードを今少し詳しく知りたくて市内観光のバスに乗る。プラド美術館前のバス停を出ると、バスはプラド通りを南に、アトーチャ駅近くで今度は西に向かい、マドリードの南西の門となるトレド門を通過する。

トレド門は、もともとナポレオン時代にジョゼフ・ボナパルトの命により建築が着工されたが、ナポレオン体制崩壊後、フェルディナンド七世に引き継がれて事業が進み一八二七年に完成した。

その後、一九九五年に大掛かりな改装がなされ、大理石を用いて輝きを増し現状の様相となった。開口する三つのアーチの上にはトレド側に向けて彫像が並び、威風堂々として印象に残る門構えであった。

バスはそこから北にマヨール広場にある王宮へと進む。角張った形状を持つこの宮殿はいかにも壮大で威厳に満ちて見えるが、現在の王宮は一八世紀ブルボン家のフェリペ五世が造営を命じたのが着工のきっかけであった。その後カルロス三世の時代になり、ヨーロッパ風の豪壮華麗な宮殿にと仕立て上げられたものが今も残る王宮の姿である。

もともとマドリードの町に宮殿を置く決定はブルボン王朝前のハプスブルグ家時代に端を発し、一六世紀にトレドからマドリードに王宮を移したことが遷都の起源であった。宮殿はイスラーム帝国の牙城アルカーサルをルネサンス風に改造し、この大掛かりなリフォームをフェリペ二世が完成させた。

以後、宮殿は王家の住まいとなったが、一八世紀に火災で焼失したため再び大規模な修復と改装が施された。その後、カルロス三世からアルフォンソ一三世まで何代かの王が住人となったが、現在は正式な王宮でありながら王室の住まいではなく、スペインの公式行事が営まれる場所となっている。

転々とする王宮の歴史は所詮、宮殿の建築スタイルを一律なものとはせず、さまざまな要素を混ぜ合わせている。もともと九世紀にこの地を支配したイスラーム勢力のコルドバ王ムハメド一世が、堅固な要塞に守られた城アルカーサルをここに築城したのが始まりであった。やがてアルカーサルは、トレドを征服したムーア人のタイファにより継承され、マドリードがカスティーリャ王国のアルフォンソ六世の手に落ちてからは、スペイン王国の所有へと繋がっていく。陥落した要塞を礎として中世風で瀟洒な王宮を建てたのはカルロス大帝であったが、改築にあたってアルカーサルの建築様式は一片たりとも継承されていないという。だが少なくとも、城塞が王宮の礎として使われている限り、イスラーム文化の残滓を忘れることはできない。

カルロス五世以後、ハプスブルグ家の威信をかけて新たに改装されたロココ調の佇まいは、やがてブルボン家の人々に受け継がれた。だがブルボン家の王たちはフランスやイタリア建築の粋を集めたバロック様式を取り入れ、内装や調度品でもヨーロッパ有数のコレクションを収蔵していった。不幸にして一八世紀の火災で多くの作品が焼失されたが、今もカラバッジョ、ヴェラスケス、ゴヤの名作の他、貴重なフレスコ画の数々、あるいは陶器・銀器・家具など目を見張る秀逸な作品が残されている。

王宮を出てバスはアルカラ門を抜け、北に向けて官庁街や商店街を外貌する。カステリャーナ通りをそのまま真っ直ぐに進めばビジネス街。近代的商業地区アスカAZCAを抜け、やがてビルバオ・ヴィスカヤ銀行を始めとする大きなビルが見えてきた。さらに北へ進めば、ピカソ広場に面して聳え立つマドリード最高層建築の一つ、白いピカソ塔が視野に入ってくる。

バスは再び狭い道や坂道に戻り、セラーノ通りやプリンセサ通りの有名ブランドショップを高席から俯瞰し、終点となる街中央部のグランビア通りで人々を降ろして観光の旅は散会となる。そのグランビア通りからホテルへの帰り道、私は一人ゆっくりと散策し、高級店リヤドロやロエベを覗いてみた。そこには古典の芸術作品とは別に、人の心を誘う工芸の粋が込められていた。

その夜は同行の士とともにホテルのコンシェルジュに紹介されたパエリアの店に行った。ホテルからさほど遠くはないレイナ通りにある店であった。席に着いた私たちの前に運ばれてきた大鍋のパエリアは、いかんせん有り余る分量だった。だが、本場の味ともなればついつい欲も張り、自ずと大食漢となっていた。

列車で行く南の町セビリア

欲張り三昧のマドリード観光をあとに、翌朝九時半にホテルを発ち、私たちはアトーチャ駅を一〇時に出る急行列車AVEでセビリアへ向かった。次第に気温が上がり南国スペインの陽気が漂うなか、列車は一二時半前にセビリアに到着した。滞在先となるのはホテル・アルフォンソ一三世。かつてのスペイン王国の栄華ある歴史を刻むような名称だが、広大な延べ面積を擁する建造物の中にはモスクやスペイン風のパティオがあり、イスラーム文化とヨーロッパ文化が混在する。この地では当たり前のことかもしれないが、この混在が不思議なハーモニーを醸し出している。

ホテルはスペイン広場の近くで、多くの史的建造物とは近隣の位置関係にあったが、あいにくホテル前の道路が大掛かりな工事のためいささか回り道をした。工事中の大通りレプブリカ・アルヘンティーナは、東側に流れるグアダルキビール川に架けられたサン・テルモ橋へと繋がっている。

ホテルからその橋を左に見て、川沿いのデリシアス通りを北に向かう。すると、セビリアの見張り櫓《やぐら》「黄金の塔」が見えてくる。今は海洋博物館となっているが、もとは一三世紀に城壁の守りとしてイスラーム教徒が建造した。当初は金色のタイルで覆われていたことからこの名が付いたとされるが、それはちょうどアルカーサルの対面に一二角形の美しいシルエットを成している。

塔を概観したあと、その先にあるカテドラルへと向かった。カテドラルはセビリアのサンタ・マリア大聖堂として知られるが、カトリック教会の世界三大教会の一つであり、ゴシック建築では世界最大のものとされている。見るからに正気の沙汰ではないスケールの壮大さが人々を圧倒する。堂内の壁、天井など、あらゆるスペースに絵画・彫刻・彫像・ステンドグラスが飾られ、豪華さと収蔵量に度肝を抜かれてしまう。

建物の端のウイングに高々と聳える鐘楼の塔がヒラルダの塔。九〇メートルもの高さがあるという。ここもまた、かつてはイスラームのモスクで、一三世紀中頃カトリック教会として改造された。せっかくだからと塔に上がる石のスロープを登ってみた。途中、三四か所も折れ曲がるコーナーを回り、まだかまだかと喘ぎつつ頂点まで登れば、三六〇度開けた展望の中に、周辺の景色も、カテドラルの全容も、そしてカテドラルの中庭で見たオレンジの樹木さえもが一望された。カテドラルの裏側に見えるのはアルカーサル。ここへは明日、出向くこととする。

夜八時半、ホテルから予約を入れてもらった料理店に出かけた。エビのむき身のスープ煮、太刀魚のグリル、そしてイワシのマリネは店のおごり。タルトのデザートが付いたが、典型的なスペイン料理は魚ずくめで、地中海の幸を満喫させてくれた。

食後、フラメンコを見に夜の街に出る。これまた予約を入れておいた劇場小屋"El Patio Sevillano"に入れば、すでに部屋の灯りは落とされ、一〇時からの開演を待っていた。部屋が明るければ、そこいら中を埃が舞うであろう激しい裾捌きのフラメンコのダンサーがステージに上がってきた。狭い、短い花道の陰には次のダンサーが出番を待っている。

激しい体の動き、繊細な表現、狂おしい瞳の目力、パワフルに迫る踊りのリズム。踊りにつられるように観客も浮き立ち、高揚する。ステージの最後に、「カルメン」のファンファーレが鳴った。応えるように観衆がどっと沸く。やはりこの曲けこの国の主題歌だったのだ。曲に、踊りに人々が酔いしれるなか、アンダルシアの夜は更けていった。

翌日早くに近くのマリア・ルチア公園を回り、その足でアルカーサルに向かった。もともとはイスラーム教徒ムーア人により八世紀頃建造された砦だが、一四世紀になり、カスティーリャ王ドン・ペードロ一世がカトリック教会への改築を命じた。旅のガイドブックによれば、王は、カトリック信徒でありながら、「ターバンを巻かないアラビア人」と言われるほど、好んでイスラーム様式を建物に取り入れたという。室内には大判で色彩豊かなタペストリーがホールや各部屋の壁を飾り、建物の外には緑なす木々が並ぶ庭が広がっていた。見る目を癒すような風合いの眺めは、こよなく贅を凝らした人類の貴重な遺産。誰しもが去りがたき思いを抱き、アルカーサルを後にする。

コルドバへの旅、再びＡＶＥに乗って

一〇時半頃ホテルに戻り、ＡＶＥの列車に乗るため駅へと向かう。列車は定刻に発車し、四〇分ほどもするとコルドバ駅に着いた。気候は幾分涼しいように思えたが、真っ青な空が広がり、陽光眩しいアンダルシアの大地が開けて見えた。

セビリアで見たグアダルキビール川は、セビリアの北東に位置するコルドバでは上流となる。そしてグアダルキビール川に沿うようにコルドバの町が広がり、私たちの宿もまた、その川沿いにあった。

早速、グアダルキビール川にかかる橋を渡り旧市街に入ると、小さな町のそこかしこに小道が走り、緩やかな勾配があった。白い壁の家々には南欧の陽の光が弾け、コバルト色の空はそれによりますます青さを深め、一段と高く澄んで見えた。

橋を渡ったすぐの所にコルドバの象徴的な建物、カテドラルはあった。モスクとヨーロッパ風のゴシック建築を一つに取り込んで、いささか欲張った分だけ賑やかな建物であった。主聖堂に入るとモスクの丸い主柱が見え、その円柱の折り重なる空間《あいま》にゴシック調の高天井が見え隠れす

る。その天井には綾なす彫刻が施されていた。円柱を支える各アーチには赤いレンガと白の石灰岩を交互に組み合わせた段だら模様が縦に走り、モスクの象徴となっている。

このアーチは二重構造になっていて、説明書によると、大広間となる礼拝堂を支える円柱が世界各地から集められたため、材質も時代も由来も異なって均等の長さとはならなかった。そのため高天井を支える円柱の不揃いな隙間を埋める工夫として、円柱上部にアーチが設けられ、本来のアーチと二重になったのだという。

その不思議な構図を見ていると、ふと軽い眩暈に襲われた。それは、単に視覚を惑わす構図のせいばかりではなく、もしかすると、昔このアンダルシアで、いや、スペイン全土で、イスラーム世界とキリスト教文化圏の軋轢が繰り返され、それぞれが死守せんとした文化のせめぎあいが一種の執念を伴って、見る人々に迫ってくるからかもしれない。

実際このカテドラルは、長い歴史の中でさまざまな形の信仰を象徴した。辞典によれば、もともと六世紀から七世紀にかけての西ゴート王国の支配下では、ここはキリスト教系の聖ビンセンテ教会の地であったという。それが八世紀になり、後ウマイヤ朝になると教会の半分がモスクに変容する。ところがその世紀の後半、今度はコルドバの初代王が教会の残りの分を買い取って王宮隣接のモスクに改築する。その後、種々の拡張工事が進められてほぼ現状に近い形となったモスクを、一三世紀になってコルドバを征服したカスティーリャ王が、レコンキスタ（領土回復）の象徴としてカトリック教会に再度改めたという。

しかし、モスクの変容はそれで終わらなかった。一六世紀になり、スペインを統一したカルロス一世〔註　神聖ローマ皇帝カール五世のこと〕が教会の大改築を施し、モスクの中央部にゴシックとルネサンス様式折衷の聖堂を建造したからである。

カテドラルの正式名称はコルドバの聖マリア大聖堂。別名メスキータという。メスキータとは、スペイン語でモスク、すなわちイスラーム教で言う「跪く場所」を意味するが、固有名詞でメスキータと言った場合は、ずばり、ここコルドバのメスキータのことなのである。それほどにコルドバのメスキータはイスラーム文化とキリスト教文化を融合させた象徴として捉えられている。

メスキータはコルドバ市の中心部にあるが、そこから西に緩やかな坂を上がるともう一つの史跡、コルドバのアルカーサルがある。川沿いに建てられたこのアラブ風の王宮は美しい庭園があることで知られている。誰もが真っ先に目をやるのはいくつもの大きな長方形の池であろう。その池の一つ一つの淵を飾る庭園には色とりどりの花が溢れ、美しい花園となっている。

アルカーサルの建物自体は、セビリアで見たアルカーサルよりもはるかに質素で、きらびやかではない。それでも一四世紀にキリスト教徒のアルフォンソ一一世により建造されたこの王宮は、イスラーム建築の要素を存分に取り入れたアラブ風王宮としてスペインの歴代王も好んで宿泊した。アルカーサルが、別名「キリスト教徒の王たちのアルカーサル」と呼ばれる所以でもある。

また、この王宮にはいくつかの貴重な歴史的瞬間が刻まれてもいる。その一つは、未知の大陸発見に挑み旅立つコロンブスを、フェリペ二世とイザベラ一世のスペイン両王が見送った場所だという伝説かもしれない。眼下にグアダルキビール川の流れを俯瞰して建つコルドバのアルカーサルは、時の推移の中では牢獄にも使用されたというが、思いなしか寂しく、しかしどことなく風格と気品があるようにも見えた。

コルドバでの一日は観光の合間を縫っての不規則な食事だったが、時間繋ぎにと町中にある飾り気一つない小さな食堂で摂ったガスパッチオは、さすが本場と言いたいほど見事な味であった。それでも夜は少しゆったりとコルドバの食を味わいたく、街中にある「赤い馬」（エル・カバーリョ・ロホ）というレストランに出かけた。中庭のあるアンダルシア風の建物の中には小部屋風の窪み空間がいくつかあり、ゆっくりとくつろげる雰囲気に一日の慌ただしさが嘘のようにさえ思えた。オーダーした野菜の煮込み料理とローストビーフは、素材もよいのだろうが格段の味付けで、そのうえ分量も適当で文句なしのディナーとなった。明日はいよいよアンダルシア最後の地、グラナダへ向かう。

アンダルシアの平原を抜けて

グラナダへは列車でなくバスで行くことになっていた。朝九時半、ホテルを出てコルドバの鉄道駅前にあるバスターミナルに行く。一〇時三〇分発グラナダ行きの長距離バスは一〇番ホームから出ることがわかった。終着駅まで約二時間半の長旅となる。

高速道路に出てからは時速八〇キロメートルを走る直線ルートだが、道の左右に広がる田園の緑が清々しい。時おり色彩豊かな野生の花々も見られたが、多くはオリーブ畑のブッシュで、遠くから見れば放列上に並ぶその様子は段々畑のようでもある。

長旅の終着点に近づく頃、バスの前方に峰の連なる山々が見えてきた。峰の奥には真っ白に雪を被ったシェラネバダ山脈の山頂が高々と聳えている。真っ青な空に陰影ある山の黒い肌と頂上の白い雪。しかも麓の平原には、敷き詰めた絨毯のように緑の帯が山裾に広がっていた。まるでパレットの色見本を見るようで、もしかして誰かがこの絶景を一挙に大自然のキャンバスに収めようと、慌てて絵付けをしてしまったのであろうか。

バスを降り、タクシーを拾ってホテルに向かう。車はやがて坂を上り始め、アルハンブラ宮殿の丘の下に建つホテル・アルハンブラ・パレスに着いた。テラスの眼下には、いかにも盆地に憩う町並みが静かに広がっていて、どうしてもそこを歩いてみたくなった。

小型のコミュニティーバスで坂を降り、ホテルからは見下ろす位置にある町に出た。ここからは徒歩で近くの博物館と隣接カテドラルに行く。博物館の館内に入ると、進路はイザベル女王とフェリペ二世が眠る王室礼拝所へと誘《いざな》われ、そこで両王の棺を拝観する。館内にはタペストリーや王冠・杓・剣・その他無類の財宝が陳列され、いかにも豊かな資源を抱えながら分裂に明け暮れてきたスペインを、ようやく統括した両王の偉業を讃え尽くしているかのようであった。

続いて隣接する「グラナダのカテドラル」へと移動する。ここでもまた、財宝が煌めく空間の中に閉じ込められ、美しくも窒息しそうな重圧感があった。主聖堂には幾本ものコリント様式の白亜の柱が立ち、その上にあるアーチ形の空間にはステンドグラスが填め込まれている。中央の祭壇は金色の壁画に囲まれ、祭壇には銀を使った装飾も施されていた。きらびやかで、あのモンセラートの清々しいいぶし銀のような世界とはほど遠かった。

「グラナダのカテドラル」も、もともとはモスクの礎の上に建てられた。一五一八年から二三年にかけて建造され、当初は壮麗なゴシック建築の設計であった。やがて設計者が変わり、イタリアの趣向も加味したスペイン風ルネサンス様式が取り入れられるようになったという。ここでも幾世代もの時代と信仰が交錯してカテドラルの建物を支えている。

再びコミュニティーバスに乗り、坂の中腹にあるホテルに戻った。まだ陽も高く、夕食には間があったので軽い休息を取り、八時半、ホテルのダイニングルームで食事をすることにした。ラビオリの前菜に仔牛のステーキ。柔らかな肉と濃いめでしっかりとした味付けは絶品。明日はいよいよアルハンブラ宮殿を訪れる。

アラブ人街アルバイシンとアルハンブラ宮殿

その日、宮殿見学の予約は午後であったため、午前中は再びコミュニティーバスで丘を下り、町に出る。今度は市内バスに乗り換え、グラナダ最古のアラブ人街アルバイシンに向かった。くねくねとした狭い坂道を対向車を交わしながら上まで登ると、アルバイシン地区のセント・ニコラス広場が広がっていた。

広場自体はそれほど大きくはないのに、前方に広がる谷間《たにあい》の盆地、その先、盛り上がった小高い丘に聳え立つ薄茶色のアルハンブラ宮殿、背後に浮かぶ広大なシェラネバダ山脈の白い山頂。その全景が一望に見渡せる空間では、誰しもが固唾を呑む思いで立ち尽くしてしまう。スケールの大きさのみならず、なんとも言えない自然のバランスが妙をなし、崇高さが辺り一帯を覆っていた。

感動の高ぶりを抑え、再びバスを待って丘を下り、町に出る。ホテルに戻ってもまだ時間があり、今度はホテルから歩いて裏の山道を下りてみた。おそらくはヌエバ広場の裏側辺りだろうか、ひっそりと立つサン・ドミンゴ教会を訪れた。民家が立ち並ぶ山道を通れば、人気《ひとけ》はないのに人々の日常の営みと息遣いが感じられるようであった。

いよいよ午後、アルハンブラ宮殿の入口で予約券を入場券に代え、真っ直ぐに見張り塔「ベラの塔」から宮殿へ向かった。宮殿入口部分には要塞アルカサバがあり、石柱や土台のみ残る跡地とはいえ、その広大な造りをみれば、礎が築かれた八八九年から、ムーア人グラナダ王が再興した一一世紀中葉までの悠久な時の流れに馳せる思いは一入《ひとしお》となる。

足元の悪い階段を幾重にも回って上へ上へと登り詰めると、古き要塞は開けた高台となった。正面を遮るもの一つとなく、アルバイシンの丘やサクラモンテの丘、それにグラナダの町やカテドラルが一望される。ちょうど昨日、私たちがアルバイシンから見たあの感動的な眺めを今、反対から眺め返しているのであった。

アルカサバからいよいよ宮殿内部に入っていく。宮殿はアルカサバ・王宮・庭園「ヘネラリーフェ」、それにカルロス五世宮殿と四部門に区分されるが、内部に入っての最初が王宮となる。王宮は一三三三年、グラナダのサルタン、ユースーフ一世が王の住まいとして改造したものだが、やがてスペインにおけるムスリム最後の王朝ナスリッドの牙城になった。

王宮は使用目的により三つのセクターに分類される。メスアール宮と呼ばれる管理棟、セラーリォと呼ばれるプールや噴水やギャラリーを配したいくつかの公的な応接用のパティオ群、そして王や王妃と女性たちのプライベートな住まいとなるハーレムである。空間を飾る壁紙や天井、床のタイルは、各棟の用途に合わせ、地味な色彩から色鮮やかなものまで、それぞれが統一されてデザインされている。

宮殿内を歩いていると、果たしてどこがどこのセクターになるのか説明書なしではよくはわからない。それでも部屋の名前を追って道順に進めば、パティオが各所にあるためか、各部屋は開口的になっていて孤立することなく、漸次中央部に繋がっている。

まず王宮入口部分にあるメスアール棟から進むと、「メスアールのパティオ」に面し「メスアールの間」がある。続いて、中央に巨大な長方形のプールを持つパティオ「アラヤネスの中庭」、そこから伸びる長い廊下状の「バルカの間」、さらにその先、宮殿内で唯一正方形の形状となる「大使の間」にと、出るのである。さらに、円形の噴水を一二頭のライオンが囲む「ライオンの中庭」(「ライオンのパティオ」)は、宮殿の東側部分にあり、「王たちの間」や「双《ふた》姉妹の間」に通じている。「ライオンの中庭」では、建築上の専門的技法は別として、大理石で彫像された白いライオンが一時間ごとに順次一頭ずつ加わっては噴水の水を噴き上げて時を刻む。その絡繰《からくり》には、ただただ感嘆の思いに囚われてしまう。

その噴水をとりまく周辺のスペースには色彩の粋が凝らされている。まず広大なパティオ四辺を囲む一階部分のギャラリーは、一二四本の白亜の大理石の柱に支えられ、その足元の敷石には色タイルが埋め込まれている。一方、中央の噴水には雪花石膏が使われているが、噴水の脚下の床に配された円形の縁と、その縁に並ぶ一二頭のライオン、その足元で十文字に交差して走る直線にはすべて真っ白な大理石が敷き詰められ、さらに直線の先、中庭全体を囲む外側周辺の壁の下壁部分には黄色とブルー、線で画された壁の上部にはエメラルド・ブルーと金のタイルが嵌め込まれている。実際、このパティオに限らず、宮殿の至る所に配色されたブルーや乳白色の色合いは、何とも言えぬ品の良さを醸し出し、それが一層に宮殿を神秘的に仕上げているのかもしれない。

一方「双姉妹《ふた》の間」は、鍾乳石を用いた蜘蛛の巣状の細かい装飾が丸天井に施されていて有名だが、双《ふた》姉妹の名の由来は特定の人を想定したものではなく、床の敷石に使われている二枚の相似した大理石を指すのだという。建築上の設計効果を表すのに用いられたこの洒落た言い回しが、かえって魅力ある響きを部屋にもたらしている。それにしても天上を飾る綾なす蜘蛛の巣状の細やかな細工は、飴色に溶けそうな鍾乳石と相俟って美しく、飽かず眺めていたくなる。

実際、入口から進んで歩く回廊にせよ、各部屋にせよ、人々の目を捉えて離さないのは、こうした綿密にして気の遠くなるほど丹念な作業が施された彫刻やタイルの貼り合わせが、壁と言わず、天井と言わず、床上と言わず、惜しみなく埋め尽くされているからであろう。化粧漆喰・陶板・タイルなどさまざまな材料を用い、そこに施された花模様・アラベスク模様・幾何学模様、それに文字をあしらったカリオグラフィーなど、詳細《ディテイル》を命綱とするような細工の粋が凝らされ、イスラーム芸術最高のものと称される技法が散りばめられている。しかも、円・四角形・八角形など、異なった形状に切り落としたタイルを隙間なく張り合わせていくその技法は、極度の精巧さが要求されるという。

　技法に圧倒されて建物の二階部分に進めば、今度は部屋の美しさはもとより、それとはまた打って変わった自然の美が窓外に展望される。なんと、入口のアルカサバで見た同じ景色がそのまま王宮内から見られるのである。正面にはアルバイシンの丘を埋め尽くす真白い家々の佇まい。側面には積雪あるシェラネバダ山脈。まさに、アルハンブラは美に酔いしれて贅を堪能する場なのかもしれない。「地上の楽園」を目指してアルハンブラを設計する――それが歴代の宮殿設計に当たってきた者たちの志であったという。

　詳細に計算し尽くされたと思われるアルハンブラ宮殿には、実はあらかじめ意図された設計上のメインプランは存在しなかったという。それでも宮殿内のほとんどの部屋が四角に区切られ、それが大小の長方形であったり、正方形であったりするほか、部屋から部屋へと自然に誘導される建築上の流れは、アルハンブラ宮殿の基本コンセプトであり、それは増築や改築が繰り返し重ねられても変わらなかった。

一六世紀になり、レコンキスタ運動の中でアルハンブラ宮殿は、やがてムスリムの居城からヨーロッパのカトリック君主の支配下にと移り、一五二七年、スペインを治めるようになったカルロス五世〔註　カール五世、つまりスペインではカルロス一世のこと〕は、このナスリッド宮殿に突如、ルネサンス式の宮殿を建造する。それがアルハンブラ宮殿見学の最後のコースとなるカルロス五世宮殿であった。

この唐突に造営された建物に対して、建築家や美術家ならずとも多くの人々が、新たな建造物がアルハンブラ宮殿に違和感を持ち込み、宮殿を無粋なものにしたと一斉に批判した。だが、その不評をよそに、「アヤテネスのパティオ」前に建つ二階建てのカルロス五世宮殿は、それぞれの階がドーリア・イオニアとギリシャ風の柱に支えられ、建物の中央にはくり抜かれたパティオを配し、堂々たる風格を示している。しかも、アルハンブラ建築の基本的な四角構造を建物の外側に維持し、宮殿の形状となる円形を基本構造の正方形に内接させて新しいデザインとした。その端正な線使いが建物全体の特徴となり、スペイン・ルネサンス文化最高の作であるという。

宮殿をあとに戸外に出ると、アルハンブラの自然の宝庫とも言える色とりどりの草木に囲まれた「ヘネラリーフェ」庭園がヒロエ門の先に横たわる。庭園は草木のほかに豊かな水を湛えた噴水の配置が見もので、計算し尽くされた設計の妙がそこにはあった。乾燥した山間《やまあい》に、山から灌漑で水を曳き、その水の流れを辿る散策コースもあるという。

いささか歩き疲れた私はその水源を探る散策コースは断念し、パラドールで庭園を眺めながら一人休息を取ることにした。パラドールは、スペインにあっては公営のホテルを意味するが、他の民間ホテルよりも絶景の場所に位置することもあってか、宿泊料金はむしろ高くなる。

ことにアルハンブラのパラドールは、宮殿とは庭続きで宮殿見学には絶好の位置にあることから、ことさら人気が高いという。そのうえホテルの環境は格別良く、かつてはサン・フランシスコ修道院であった建物を改造したもので、古式豊かで情緒がある。同時に静寂と落ち着きと気品があり、まるで別世界に引き込まれたようであった。テラスに出てアイリッシュ・コーヒーを飲み、疲れを癒してからパラドールに続く庭園をゆっくりと見て回った。

その夜はホテルで夕食を摂り、明日の出発に備えることにした。明日はいよいよ帰国の便に乗り継ぐため一度マドリードに戻り、一泊する。

マドリードへの帰路

グラナダの空港は思いのほかこぢんまりとしていて乗客もそう多くはなかった。離陸して間もなくシェラネバダ山脈も視界から遠ざかり、やがて眼下にアンダルシアのオリーブ畑が広がった。ほぼ一時間で飛行機はマドリード空港に到着した。

久々に都会の空気に触れての夜は、フランス料理を味わうことにした。フォアグラを乗せた野菜のムース、魚介類と豆の煮付け、デザートには定番のカラメル・ブリュレとなったが、素材が良いせいかなかなかの味であった。面白いことに盛り付けや味付けには日本料理の片鱗が窺われ、今や和食は世界のものになったことを実感する。

この欲張り旅行のスペイン行は、実はこれで終わったわけではなかった。その日から三年後となる二〇〇六年三月に、わずか五日間の旅ではあったが今一度、ひたすらアルハンブラ宮殿が見たくて、マドリード＝グラナダ行きに限ってのリピーター旅行をすることになったからである。

その時こそはとアルハンブラ宮殿内のパラドールに宿泊するという念願も叶ったが、あいにくパラドールはその年、三年がかりの改装に入る直前であったため、中庭の庭園は手入れが悪く、しおれた木々を見るのは残念であった。それでもパラドールの中庭となるパティオで日が暮れるまで読書をし、仮眠をするゆとりある時間は貴重であった。加えて大好物のイベリコハムを朝食のビュッフェでいただき放題というのも儲けものというほかなかった。

人はなぜスペインに惹かれるのか。一つにはスペインが、その土地々々で異なる多様な表現力を生活面でも文化面でももっているからではないかと思う。限られた地域とはいえ、訪れた地域の特色をこれほど私が鮮明に記憶するのは、それぞれに固有な特色があるからに違いない。第二に、食文化の豊かさが挙げられよう。食材の新鮮さと多様性は野菜や果実、魚介類にわたり申し分なく堪能した。そして第三に、スペイン文化が呑み込んできた多様な文化の混合が、魅惑の世界を作りあげてきたのではないかと思われる。

異文化を破壊しきらずに統合する。その許容力は一定の形式で伝統文化を保存するという意味から、当然チグハグな結果を生む。だが、アルハンブラにしても、他のアルカーサルやカテドラルにしても、完全破壊されなかった分だけ、豊かな様式が抹消されずに温存された。しかもスペインでは、技巧を凝らしたイスラーム文化の残滓と、ゴシック文化やルネサンス芸術の粋を極めたヨーロッパ文化の流れが混流したことにより、相互に敬意を払っての文化温存となったのであろう。悠久の時間の中に潜むその混合の文明が、スペインを見て回る旅人にとってはたまらない魅力となっているのかもしれない。

一五世紀の国家統一により、イベリア半島の大半がスペイン国家を形成するようになった。当然そこにはローカル色を今も露わに、地域文化の主張をして止まない要素がある。あるいはバルセロナの独立運動に鼓舞されて、やがて地域分裂が進むかもしれない。巡礼地を抱えるバスク市民のように、郷土愛が執拗に自己主張を繰り返すかもしれない。不断な時の流れのなかで、融合はどう進むのだろうか。文化のせめぎあいと融合。それが正しい表現なのかどうかはわからない。さらなる歴史の展開がいつかその事実を明かしてくれるかもしれない。

第七章　不条理な国境——「征服」か「和議」か、オセアニア植民地の開拓

植民事業と国境の概念

一般的に言って、領地を所有するという概念があってこそ国境線の概念が定着する。領土の奪いあいが国境線を変更させ、時には戦争や条約によって不自然な線引きを行なった。それでもヨーロッパでは、一定の土地を何者かが所有するという概念が正当化され、それだからこそ領土の保全を必要とし、さらなる拡充への野心も募らせたのであろう。

だが、かつてヨーロッパの海洋諸国が新大陸を制覇し、先住民たちを制圧していった過程を振り返ると、果たしてそこには征服する側とされる側に、土地を所有することに対して同じ意味での了解があったのであろうか。少なくとも史実としてみれば、征服の過程では多くの場合、それが話しあいであれ戦闘であれ、土地は略奪され、それにより先住民の居住権が奪われていった。しかも、新大陸の征服は海洋国同士の競い合いが往々にして国威をかけて行われたため、征服のスケールも手段も一段と激しさを増していった。

海洋諸国の中でもスペインとポルトガルの植民地争奪戦はことに激しく、その対立は危惧され

るほどであった。そのためカトリック教国であった両国は、仲介に入ったローマ法王の命を受け、以後発見された新開地についてはヴェルデ岬諸島以東をポルトガルに、以西をカスティーリャ王国（スペイン）に分与する調停案を受け入れた。一四九四年に制定されたトルデシリャス条約である。それにより南米大陸では、現在のブラジルのみが分岐線以東でポルトガル領となり、その他すべてがスペイン領となった。南米大陸全土でほとんどの国がスペイン語圏となるのに、ブラジルのみがポルトガル語を公用語とするのは、この取り決めが生んだ結果であった。

しかし、強大なカトリック勢力であるスペイン・ポルトガル時代が終焉し、そのあとに新勢力として台頭する海洋国は往々にしてプロテスタント王国であったため、教皇令の区分線は一方的で不当だとして、この条約は守られなくなった。それら新興海洋王国の旗頭はイギリスでありオランダであったが、彼らは教皇令に縛られることなく、北米大陸やカリブ諸島に進出し、スペインやポルトガルと同じく植民事業を手がけていった。

こうして一六世紀から一八世紀にかけ、四大海洋国を始めとするヨーロッパ諸国により、新大陸での植民地開拓は進行する。彼らにとって、植民地の獲得は当然、母国にとっての新たな領土の拡大、つまり新たな国境線を外に広げることに他ならなかった。

問題は、その開拓過程において、開拓者側と先住民たちの間でのどのようなおりあいがつけられたかということにあろう。例えばスペイン領の植民地では、大雑把に言えば、新開地での改宗と同化を求めて徹底的な「征服」を行ない、土着の信仰と伝統を根絶する破壊行為を繰り返しては、占領の拠点を確立していった。

先住民たちは征服により先祖代々暮らしてきた土地を追われ、あるいは彼らの部落を破壊され、隷属化される以外行き場を失っていった。その影響は改宗の強制、身分の隷属化、経済的困窮、日常生活の不安とさまざまな面に及んだ。ことに彼らが長い間育んできた独自の文化は真っ向から否定されていった。

一方、北米大陸やカリブ海周辺では、イギリス系植民地が主流となって作られていく。スペイン系の「征服型」の植民地政策とは違って、これまた大雑把に捉えれば彼らは当初、まず地域住民との共生から始めた。やがてその共生が、アングロサクソン系入植者が維持する社会秩序と先住民の世界秩序とでは相容れないものがあると知るや、戦闘的な先住民との度重なる衝突を経て、共生から武力闘争、さらには「隔離政策」へと転じていった。その結果、入植者にとっては開墾しやすい土壌と引き換えに、荒れた山岳地帯に先住民を追い込み、「ウンデッドニーの悲劇」や「涙の旅路」と呼ばれる過酷な強制移住政策を生む結果となった。

このように、往々にして植民事業は先住民とのおりあいを上手くつけられないまま、一方的に開拓者側の事情で強硬策を押し切ることが多かった。それはアメリカ大陸のみならず、場所と時間を越え、一八世紀から一九世紀にかけてオーストラリアで手がけられたイギリス型開拓事業にも通ずるものであった。しかもそこでは「征服型」と「隔離型」両様での制圧が行われ、アメリカ大陸よりもはるかにスピーディーに徹底した支配が見られた。以下、その過激とも思える植民政策の理由を求めるとともに、すでに多く語られてきたアメリカ大陸ではなく、ここではオーストラリアでのイギリス型植民政策を中心に見てみたい。

だが、ここで課題の中心軸となるのはオーストラリアだけではない。それは、同じイギリス人の手によるオセアニアでの植民でありながら、オーストラリアとは異なるニュージーランド型植民形態があったことも、併せ記憶しなければならないからである。この二つの異なる植民政策を生みだした背景を探るうちに、私たちは改めて開拓者と被征服者の間には、土地の所有をめぐって根本的に異なる概念があったことを知るであろう。思えば、植民地における国境線の不条理とは、すべてこの概念の異なりから来るものではなかったか。

オセアニアとは――オセアニアの地域区分とその特性

まず前提として、オーストラリアとニュージーランドが位置するオセアニアについて見てみたい。そもそもオセアニアとはどのような地域なのか。その地理的背景、あるいはそこに住む先住民をひと括《くく》りで捉えられるものなのか、それらについての案外に複雑な背景を、大方の概念としてまとめてみる必要があろう。

誰もが知るオセアニア地域とは、まず大半が南半球に位置し、そのためオーストラリアでもニュージーランドでも夜空を仰げば同じ南十字星が望まれる。また、南半球では北半球と南北の地軸が異なるため、北側で日当たりが良くなる代わりに南側が涼しくなり、夏と冬が北半球から見れば逆転する。同じ原理で水流も逆となり、水は北半球とは逆方向に渦を巻くという。

だが、南半球にあるからといって、オセアニアにあるすべての地域が同じ環境にあるわけではない。そもそもオセアニア地域は夥しく広い地域区分であって、太平洋諸島とオーストラリア大陸を含む広大な大洋州のことを言う。つまり、南北アメリカ大陸とアジア大陸を除けば、太平洋に面している大半がオセアニアに包括される。その広大な大洋州にあっては当然、多様な地域差が生まれてくる。

さらに、この膨大な大洋州にあって陸地が占める面積は、わずか九〇〇万平方キロメートル未満。しかも、その八六パーセントをオーストラリア大陸が占め、大きく区分すれば、大洋州はこのオーストラリア大陸と、あとは数千もの島々によって構成される。その数千の島の中で群を抜いて大きな島が南北ニュージーランドであり、次いでニューギニアである。現に、この三島とオーストラリア大陸の面積を併せれば、大洋州にある陸地総面積の九八パーセントにもなる。圧倒的な占有率である。そして、残りの二パーセントが数千の島々となれば、自ずと大洋州にある国々や集落は、途方もなくアンバランスな構成になっている。

大洋州の大陸や島々のいくつかは、かつては地続きであった。やがて潮流や地殻変動、あるいは火山の噴火などの影響を受け、それらは現状のように細分化していく。そのため、以前は広範囲に行き来していた生物も次第にルートを絶たれ、それぞれが孤立した地で特異な進化を遂げ、その土地固有の生態系を生みだしていった。人類もまた、長い年月の間に自由な往来を妨げられ、固有の土地に定着するようになった。

オセアニア先住民の種族と原語

大洋州に住む先住民の多くは、もともとはアメリカ大陸やアジア大陸などから渡来したが、地続きであった時代には陸上を移動し、以後は大洋をカヌーで渡り、大洋州に辿り着いたと言われている。なかにはインド洋の彼方、アフリカ大陸からの渡来もあり、大洋州に渡った人々の起源については諸説あるとされてきた。しかし近年では、大半が東南アジアから移住してきたというのが定説だともいう。

大洋州に渡った先住民は、人類学的には四種族に大別され、そのうち最も大きな群落を成したのがオーストラリア大陸のアボリジニーとタスマニア先住民であった。彼らはいずれも**メラネシア**（またはオーストララジア）人の祖と考えられているが、言語上では三〇〇グループに分かれ、さらにそのグループが最小化されて六〇〇グループくらいに分散したという。細分化された部族は、一部族がそれぞれ三〇名ほどの単位で構成され、採集・狩猟、時には農耕民として一定範囲の地域を基盤に生活していたとされている。

メラネシアに対し**パプア・メラネシア**系先住民は、体系や身体上の特性がアボリジニーと共通するところが多いが、ニューギニアやソロモン群島などに分散し、人種的にはモンゴロイドとも通じている。言語上から見ても、若干の共通点はあるものの、アボリジニーとは異なる言語を使用する。パプア語として特徴づけられているのがそれで、その言語は複雑に分岐し、八〇〇種もの異種の言語を生みだしている。もともとはインドネシアからの渡来が源流とみられているが、彼らは共通してタロイモなどイモ類を始め、バナナやヤシなどの樹木を栽培する農耕民族であった。

次に**ポリネシア**系の先住民は、体系的にはモンゴロイドとオーストラロイドの混合で、さらにはメラネシア系の要素もあり、まことに多様である。言語もメラネシア系と共通するところがあり、今風に言えばコスモポリタンの傾向があった。彼らは多数の地域に分散して定住し、その地域は、初期にはフィジー、トンガ、サモアなどであったが、時を経てマルキース、イースター、ハワイ、そしてニュージーランドに達し、一六世紀には、彼らの移住はポリネシア諸島のほとんどに及んだ。ニュージーランドの先住民マオリもまた、その一系であった。拡散したポリネシアの社会組織に共通して見られるのは、身分階級制が普及していたことであり、組織を持たないとされるメラネシア系の人々とは一線を画すところがあった。

最後に、大洋州の先住民人種に**ミクロネシア**系がある。その多くはカロリン諸島やマーシャル諸島などに居住する。もともとはモンゴロイド系人種であるが、移住や同化によって体型・言語・慣習など他の人種体系と共通するところが多く、さらには移住元のインドネシアやフィリピンなどと似通った言語や文化の特性を持っている。

こうしてみてくると、単にオセアニアと言っても、本来そこには長い歴史と多様な形態を持つ種族や社会構成があり、緩やかなつながりはあったとしても、オセアニアをひと括《くく》りにはできないであろう。その多様で広範囲に分散する先住民の社会にヨーロッパ人が足を踏み入れるようになったのは、一六世紀以降のことで、その頃からオセアニアが一括した地域区分として概念化されるようになった。もっとも、その頃はまだ欧州諸国はオセアニアを植民化の対象と見ていたわけではなく、あくまでもその所在を地理上に確認したというに過ぎなかった。

オセアニアに関心を持ったヨーロッパ諸国

当初オセアニアに関心を持ったのは、海洋国として活躍していたポルトガルやスペインであった。やがて、実際にオセアニア地域を植民活動の対象として見るようになったのは、海洋国としては出遅れたオランダやイギリスであった。アメリカ大陸と同様に、オセアニアでもこの四大海洋国が植民事業の主軸となっていく。

例えばニューギニアは、一五二六年にポルトガルにより発見され、スペインによりアフリカのギニアに住む先住民になぞらえ名付けられた。だが、いずれも領有には至らなかった。一方、ニュージーランドがヨーロッパ人に発見されたのは一六四二年と、一世紀以上も後のことであった。オランダ東インド会社の命を受けたタスマンがニュージーランド南島《みなみじま》を発見したことに始まっている。タスマンは祖国オランダの地ゼーランドにちなんで、この島をニューゼーランドと命名した。ニュージーランドの語源となる地名である。しかし、当初ヨーロッパ諸国のニュージーランドへの関心は著しく薄く、一八世紀に至るまではもっぱらポリネシア系の先住民マオリ族が部族間の争いと和合を進めながら伝統的な狩猟農耕を営んでいた。

その状況のなかでイギリスがニュージーランドに関心を持つようになったのは、オーストラリアの発見とも連動するが、キャプテン・クックが一七六九年から七〇年にかけて、南島《みなみじま》、北島《きたじま》の測量を行なってからであった。ニュージーランドの植民地化は、初期段階ではオーストラリアのように一気に開拓が進むことはなかった。一つにはニュージーランドがオーストラリアに比べ起伏の激しい地形であったことに加え、鉱脈資源に乏しいと伝えられていたからである。

一方、北アメリカに地形が類似したオーストラリアでは、広大な面積と中央部にある大砂漠地帯のため、本来であれば植民事業は困難を極めたが、開拓はアメリカ植民地とは比較にならない早さで進行した。まず、オーストラリアでの植民事業の突破口は、アメリカ合衆国の独立以後、流刑の人々を送り出す地域を失ったイギリスが、その代替地として囚人を送ったことで知られている。一七七〇年キャプテン・クックがオーストラリアを発見し、その一八年後には早くも七七八名の囚人が送り込まれ、しかも彼らは到着後八日にして、ポート・ジャクソン湾内にシドニー・コープを拠点とする入植地を開いていった。

オーストラリアの開拓と対アボリジニー政策

やがて大陸内部の探検が進むうち、オーストラリアが有する広大な大地、特に東部一帯は、農耕地としても、牧羊の放牧地としても充分に適していることがわかり、本国からの移住者は囚人に限らず急速に増加していった。さらにこれに弾みをつけるかのように、大陸周辺には有数な漁場があることもわかり、一方、内陸部では一八二〇年代から五〇年代にかけて広大な金鉱脈が発見されたことで、オーストラリアは一躍開発のブームに沸いた。その結果、イギリスは怒濤の勢いでオーストラリア全土を領有していった。

後日、ニューギニアからも金鉱山、ギルバート諸島やナウル島からはリン鉱石、ニューカレドニアからはニッケルと、有数な資源の宝庫が存在することが知られるようになるが、規模からすれば、オーストラリア大陸内部に帯を成して広がる金や銀の鉱脈とは比較にもならなかったという。

その結果、かつて見ない速さで開拓が進んだオーストラリアでは、当初からアボリジニーを始めとする先住民に対し、制圧による同化政策が徹底してとられていった。それは、ごく近年の一九六〇年代まで基本的に変わらなかった。征服により、多くのアボリジニーの生命が失われ、記録によればアボリジニーの人口は、開拓当初の一七八八年から一九〇〇年までに総人口の九〇パーセントが消滅したとも言われている。

元来アボリジニーは、遥か昔、民族大移動期にアフリカから東南アジアを経由して、陸路もしくは海路でオセアニアに渡来した。その経緯は定かではないが、少なくとも民族の系譜としては、アジア系やポリネシア系に繋がるものではないという。やがて大陸の至る所に散らばり定住するようになったアボリジニーは、本来どの地にあっても一定地に居住し、採集・農耕をする定着型民族であった。そのため、土地や水源に強く依存していたが、その住み慣れた居住地に急激にヨーロッパからの開拓民が渡来すれば、先住民たちは開拓者たちを侵入者と見なし、譲れない争いの発端となった。こうしてオーストラリアでは植民当初から両者間に激しい敵対関係があったのである。

戦闘や艱難に加えアボリジニーは、ヨーロッパ人が持ち込んだ疫病に感染し、急激に人口を減少させていく。それ以前に、部族間の激しい争いで命を落としたケースも少なくない。結果的に生活の拠点を失い、広大な大陸に拡散した少数派のアボリジニーは、ヨーロッパ人による征服・抑圧を余儀なくされていった。

実際、二一世紀初頭の現在でも、オーストラリアは白人人口が総人口の九〇パーセントを占め、アボリジニーはわずか一パーセントに過ぎない。こうした数の上での優劣が、アボリジニーをなおのこと不利な立場に追い込んでいく。しかし、アボリジニーの生活を根源的に苦しめた不運は、彼らが持つ土地に対する概念がヨーロッパのそれとは異なっていたことであろう。つまり、彼らには部族としての縄張りはあっても、個人が土地を所有するという概念がなかったのである。

土地を個人所有してこなかった先住民は、植民化の進むなかで土地に対する権利を持たないものと見なされて定住地を追われ、奥地に追い込まれていく。だが、先住民にとって荒野への強制移住は死活問題に繋がった。自然の中で生きる採集・農耕民族の先住民にとって、たとえ土地を私有化することがなくとも、長年培われてきた猟場に対する適確な判断や地の利を図って季節とともに生きる農耕の術は、水場を含め、住み慣れた一定の場にこそ、充分に利する条件があったからである。

ニュージーランドの開拓と対マオリ政策

一方、ニュージーランドにイギリスが関心を寄せ始めるのは、オーストラリア海域でのアザラシ猟や捕鯨が盛んになり、その近海となるニュージーランド沖に漁の拠点が必要となったからである。それによりニュージーランドの島々に立ち入るようになったオーストラリア開拓民は、先住民マオリと激しい殺戮戦を繰り返すことが少なくなかった。

一八三八年、イギリス本国はついにニュージーランド植民会社を設立し、オーストラリアに次いで、本格的なニュージーランドでの植民事業に乗り出していった。ただ、その植民化のなかで、ニュージーランドとオーストラリアとで決定的に違うのは、植民化に当たって求められる先住民とのおりあいのつけようであった。

ポリネシア系のマオリ族は、近隣の海を渡って何万年も前からこの地に住む強力で戦闘的な部族であった。家畜を飼育して農耕に勤しむほか、狩猟にも優れ、さらには地の利を得て漁業をもする猟漁農三様の営みをしていた。それだけに狩猟や漁農に必要な工具や武器の製造に長け、一方では木工を主とする彫刻や工芸の技術に秀でてもいた。その文様の複雑さや繊細さから、優れた文化の継承者と見なされている。

文化的水準が高度であったことも影響してか、一八四〇年ニュージーランドの植民開発を手がけたイギリスは、現地の自治政府総督ウイリアム・ホブスン代表を介し、マオリを代表する五〇以上もの部族長たちと相互条約を結んだ。歴史に残る「ワイタンギ条約」がそれで、今もマオリ人の「マグナカルタ（大憲章）」として知られている。

これによりマオリの首長たちはこの地の主権をヴィクトリア女王に譲渡したが、イギリス政府はそこに住むマオリ族の土地・森林・漁場などをめぐる生活権を保証し、イギリス人としての権利をも彼らに認めている。つまり、ニュージーランドでは、イギリスの従来型の「征服による支配」あるいは「隔離による政策」ではなく、「協議による併合」という異なる形式をとって植民化を進めたのであった。

マオリのマグナカルタ――「ワイタンギ条約」

「ワイタンギ条約」を調印に導いた背景としては、当時ニュージーランドには、一二万五〇〇〇人のマオリ人が居住していたのに対し、入植者はわずか二〇〇〇人であったという力関係の優劣が考えられよう。数において非力と見た入植者にとって、先住民と事を構えるよりも、和平による協議の方が得策であったに違いない。逆に、マオリにとっても、年々増加する外来の無頼漢や粗暴な振る舞いをする開拓民を抑え、さらには今後イギリス以外の国々から受ける攻撃の不安を考慮すれば、保証を得ることで、「ワイタンギ条約」を呑む道を考えたのであろう。

だが、条約が結ばれたとはいえ、イギリス流の植民活動が進むとマオリたちはその開拓に翻弄されて激しく反発し、条約による効果は必ずしも和平と融合をもたらすものにはならなかった。特にニュージーランドの南島《みなみじま》に金鉱脈が発見されてからは、オーストラリアからの移住者がなだれ込み、先住民との武力による衝突も免れ得なくなった。

条約の効果を鈍らせた原因は、一つには条約調印後の施行面にもあった。それは、条約を巡る解釈や適用が時の施政官やイギリス本国の方針により、しばしば変容させられたからである。なぜならば、条約が結ばれたとはいえ、イギリス政府としては実際に土地を買収しなければ開拓の成果は上がらず、また開拓も進まない。そのため、「ワイタンギ条約」に土地買収に有利な解釈を施すことで、イギリス本国や現地の自治政府は買収の実行を図ろうとしたのであった。それこそがイギリス流の植民活動であった。

条約の根幹にあったのは所詮、近代的な平等観念や人権意識を意図したものではなく、土地の帰属と売買交渉を有利にすることが狙いであった。そのため個人による土地所有の概念がない先住民との間で、土地所有の契約に混乱が生じないはずはなかった。

これはオーストラリアでも同じであったが、マオリやアボリジニーのように土地を個人で所有することなく部族で共有する場合、大地は個人の名義を持たないことになる。そのため登記を軸として土地所有を定めるイギリス的観念からすると、個人名義でない土地は登記上、公有地であるか所有者を欠く土地ということになり、マオリやアボリジニーは土地売買や譲渡の対象者とはならなくなる。いかにも土地台帳が財産を証するすべてであったイギリス社会では、当然にして、領有こそが土地支配の法的根拠であった。その概念を覆したのが「ワイタンギ条約」で、土地を所有しない先住民の居住権と生活権を保証した異例の取り決めとなった。それが、「ワイタンギ条約」をして「マオリのマグナカルタ」と呼ぶ所以である。

「ワイタンギ条約」の履行と現実問題

幾度もの条約改正を植民地自治政府が行ない、それが度重なる武力闘争に至ることもあった。しかし一八六三年の武力闘争を最後に、自治政府はついに方針を転換し、マオリに対して融合の政策を打ち出していく。「政府の主眼は、先住民と我々を同一視することで、ともに一つの民族と化すことである」と宣明し、政府は六五年にはマオリに対する英語教育を全国規模で実施する。また、マオリが入植者以外の他の民族とも交流できるようにするなど、マオリに対し自治の権限を認めるようになった。

もっとも現実には、依然としてマオリが持つ土地の権利を無視し、好条件で植民政府による土地の買い入れが南島《みなみじま》では行われていた。そうした行為に徹底的にストップをかけたのは二〇世紀も二〇年代に入ってからであった。一九二六年、自治政府は司法の判断にもとづき違法な土地売買を禁じ、違反した場合には一定の賠償金をマオリに支払うこととした。一九三〇年以降には改めて「ワイタンギ条約」を再確認するとともに、先住民の居住権を確保して彼らの住宅を建設する。

一方マオリ側も、集団による土地所有の概念を一掃し、個人としてのマオリの経済的自立を自ら促した。一九四六年自治政府は、「先住民」という公的表現を廃止し、「マオリ」の呼称をもって彼らの尊厳を回復させようとした。併せて、閣僚や指導的立場にマオリを登用する政策も進めていった。

一九九九年の選挙では、「マオリと非マオリのギャップを終焉させる」ことをスローガンとした。しかし、「マオリと非マオリのギャップ」はかえって差別意識を助長するとの懸念もあり、ニュージーランドでは対マオリの問題を人種問題としてではなく、社会の一般的不平等の問題として是正する方向にと向かっていく。ここに人種意識を越えて、「人としての平等」を重視するという、ニュージーランド型の平等意識が根づいていった。ちなみにニュージーランドは、一八九三年、世界に先駆けて婦人参政権を法制化した。平等意識の根づく素地が培われていたのであろう。

今ニュージーランドでは、英語と並びマオリ言語をも公用語として認めている。だが、マオリ語の使用やバイリンガル教育を義務づけてはいない。むしろ、住居・衛生・雇用など市民生活に直接かかわる政策で徹底して平等化を求め、マオリに対する法的平等措置への道のりを築いている。無理をしない自然の融合つまり共生こそが差別撤廃への持続可能な態勢を打ち出していくのであろうか。

アボリジニーに対する新政策

一方、オーストラリアにおける先住民アボリジニーは、ニュージーランドのマオリに比べ、著しく共生の過程で遅れをとった。一つには、アボリジニーが一方的に征服された民として扱われてきたからである。アボリジニーはマオリと同じく、土地に対する概念がヨーロッパのそれとは異なるため、土地の所有権を持たない者と見なされた。だがマオリが、少なくとも理念の上では「ワイタンギ条約」により、伝来の土地での生活権を保証されていたのに対し、アボリジニーには征服された民として居住権すら否定された。

融合政策が進まなかった今一つの理由として、アボリジニーがマオリほど高度な文明を持たない民だという議論がある。アボリジニーは古代から火を使う民族で、武器や生活用具を作り活用し、マオリのように手の込んだ細工ではなかったが、実用的な工作については不慣れではなかった。だがマオリが繊細な工芸を残し、部族内にも規範があったことなどから、マオリの文化的遺産は高度であったと論議されるのである。

だが、文化水準にかかわらず、先住民が住む土地を奪われ、異なる生活環境への適応を強要されたりすることは、先住民が古来持つ部族としての尊厳や居住権を無視される意味では変わりなかった。そうした問題にオーストラリア政府が正面から取り組み始めたのは、一九六七年以降のことであった。

対アボリジニー政策として、オーストラリアではすでに居住や教育・雇用の面でアボリジニーの生活水準の引き上げ策を法制化し、あるいは兵役に就き功労を立てたものに参政権を付与するなどの対策は講じられてきた。しかし、差別を廃する根本策が法制化されることはなかった。そのなかで一九六七年、議会は初めてアボリジニーを一般市民として認め、九〇パーセントの過半数をもって、彼らを選挙の代議員数に含めるというレファレンダムを可決した。また七五年、次いで七六年には、先祖古来の土地を先住民に復元させようと、地域限定ながら「アボリジニー土地権利法」を通過させる。やがて四半世紀を経て九二年、オーストラリア高裁は従前の地主不在地を無効とする判決を下し、ついに先住民古来の土地の正統性を認めるに至った。

さらに一九九八年、同化教育を理由に家族から強制的に引き離してきた子供たち、いわゆる「盗まれた世代」(stolen generation)とその家族に対し、人権侵害を謝罪する日として、「国を挙げての謝罪の日」を設けている。そのうえで、二〇〇八年二月一三日、ケビン・ラッド首相は国家を代表し、公式に先住民に謝罪し、アボリジニーとの一連の歴史的対決に国家としてのけじめをつけるに至ったのであった。

先住民への謝罪と出直し

かつて先住民との間で激しい対決や苦い体験を経て和解に至ったオーストラリアでは、現在、儀式を通し過去と向きあっている。それは、正式な行事やイベントが開催される際、必ず式典に先行し、先住民に敬意を表している。

例えばオーストラリアでは、公式行事に先立ち述べる言葉として、「本日のイベントは先住民が先祖代々継承してきたこの土地において開催される」と宣言する。それは儀礼的なものであるが、同時に法が定めるものでもあるとも聞く。それはアボリジニー固有の土地や文化を侵害したことへの謝罪と、開拓者が力づくで彼らの土地を征服したことの歴史的確認なのだという。

一方ニュージーランドでは、すでに三〇年以上も前から行われている別の形のしきたりを継承する。それは、公式行事に先立ち、短い言葉ではあるが例外なくマオリ族の原語で挨拶をすることである。ニュージーランドの場合、冒頭マオリ語で挨拶するのは一つの慣習で、法により義務化されたものではないという。したがって、挨拶する言葉に一定の様式もセリフもない。"Kiaora" あるいは "Tena Koutou" は「こんにちは」に当たるが、よく聞く演説冒頭の挨拶である。

さて、マオリとアボリジニーについて、それぞれニュージーランドやオーストラリアが国としてどう関わってきたかを開拓以来の事実として見てきたが、マオリとアボリジニーの部族社会における社会制度の違いに関連し、最後に一つ付け加えておきたいことがある。それはアボリジニー社会にはないが、マオリ社会にはある王朝制度の話である。

マオリの王朝制度

すでに見たとおり、アボリジニーはもともと少数の部族民がいくつもの小規模集落を作り、広い大陸内に分散して生活していた。一方ニュージーランドでは、陸島という限られたスペースにあって、比較的まとまった規模でマオリを中心とする集落を作っていた。自ずとその集落は統率型で、しかもマオリが概して戦闘的な部族であったことから、統帥の頂点となる王の勢力を育んでいく。

マオリの王朝は、ハワイ王朝のように部族すべてを統括する強力な王朝ではなかった。しかし、複数の競い合う部族王たちが周辺の力を束ね、部族の違いを越えて王政という一本化した体制作りを成していた。王制の存在は植民地政府や本国に対抗する勢力となったが、逆に言えば、植民統治を図ろうとしたイギリス政府にとっても、王朝は交渉ができる相手であり、それが「ワイタンギ条約」の調印をも可能としたのであった。その末裔となる王朝が今でも続いている。

王は現在では七代目だが、一九六六年に第五代王が逝去すると、王女ダーム・テ・アタイランギカアフが後を継ぎ、マオリ初の女王が誕生する。女王は二〇〇六年八月に逝去したが、その在位はそれまでの歴代王の中で最も長くかつ最も安定したものであった。女王はその人柄から、部族はもちろん、ニュージーランド国民からも敬愛され、外交上でも国家を代表する役割をしばしば担っていた。

その女王と一九九九年、私たちは夕食をともにする好機を得た。それは北島《きたじま》にあるハミルトン市の近隣地に構える宮殿で、ニュージーランド大学女性協会が夕食会を開いた時であった。九月初め、春を迎えようとする季節であったのに、夜分の冷気は身に沁みるほどであった。バスで宮殿に着き、私たちは優に三〇分以上も門前で待たされ、やっと開門されて中に招じ入れられた。だが、宮殿内に入るための通門の儀式と祈りが延々と捧げられ、二〇分ほど戸外での儀礼が執り行われた。深々と冷え、澄みきった空気と夜の帳の中を、低い祈りの声とほら貝の音《ね》がおごそかに響いていた。

室内に招じ入れられ、時経って女王の臨席となった。あとで聞けば、私より四歳も年上というのに、はるかに若々しく、しかも気さくな人柄で周囲を自然と和ませる雰囲気が漂っていた。ニュージーランドを公式訪問していた私は、会を代表して女王の隣席に案内された。日本を何度も訪れ、「私、日本大好き」と言って憚らない女王は、静かな語り口ながら、なるほどニュージーランド政府が国家を代表して送り出すにふさわしい人物であることを垣間知る。そして、この王朝が、かつてイギリス系入植者とその自治政府の間に立ち、マオリの主権を認めさせてきたのだという歴史的推移を思う時、妙に感慨深い思いを起こさせるのであった。

ニュージーランドとオーストラリア。マオリとアボリジニー。それにしてもそれぞれで行われた植民政策の違いを見るにつけ、この二国が持つ地形風土もまた、よくぞここまで異なるものかと思い知らされる。実際にその地に降り立てばなおさらのことだが、自然環境の違いが因果として、異なる植民政策を生んだ原因の一つでもあった。その極端な違いを一言で表すとすれば、「ニュージーランドにあってオーストラリアにないのは大氷河。オーストラリアにあってニュージーランドにないのが大砂漠」と言うことになろう。二つの国では、大自然のスペクタクルが全く異なっているのである。

起伏あるニュージーランドの自然と大氷河

ニュージーランドの氷河は二〇世紀末の記録によれば二〇〇〇個を越すという。その大多数はニュージーランド南島《みなみじま》の南アルプス大分水嶺周辺に位置している。この辺りにはヨーロッパ・アルプスに匹敵する高山の峰が連なり、山脈はニュージーランドの南アルプスと命名された。峰の連なりの全長はニュージーランドの南島《みなみじま》の長さと同じで、そのため南アルプスを南島《みなみじま》の背骨《せぼね》とも呼んでいる。しかもそこには、標高三七二四メートルというニュージーランド最高峰のマウント・クックが聳え、日本の登山愛好者をも魅了して止まない。まさに山の醍醐味が満喫されるのであろう。

私も、登山とは行かなかったが、クライスト・チャーチから離陸するセスナ機でマウント・クックの氷河に降り立ったことがあった。一九八六年八月のことである。セスナ機はマウント・クック・ライン社が運行するもので、CBY型の二枚羽を持つ単発プロペラと六シリンダーのエンジンを装備する。エンジンは三〇〇馬力と聞いたが、操縦士を別としてわずか八人の乗客を輸送する小型機であった。

その日、飛行場から離陸したセスナ機は出発時から上々の天気に恵まれていたわけではなかった。やがて雲間に入り小さな揺れを生じた。そそり立つ山の峰々を眼下にして飛行を続け、気づいてみれば私たちは、地上とは全く切り離された雲海の世界にいた。雲間から時おり覗く光の先に、想像を超す雄大な雪原が広がり、そここそがニュージーランド屈指の氷河、タスマン氷河であった。

飛行機は低飛行でその雪原に接近したかと思うと、ひらりと着氷し、私たちを機外に降ろした。私たちは氷河が作りだした雪原の上をしばし踏みしめるように歩いた。一五分ほどの散策《ウォーキング》で、天候が変わらないうちにと再び機内に招じ入れられ、氷河での停滞時間はそう長くはなかった。しかし、その印象は強烈であった。それは、自分が雲海に埋もれる高い山々に囲まれているという環境のせいであったかもしれない。

ニュージーランドでは、こうした氷河や山脈の連なりが否応なしに起伏ある変化の多い自然を生みだしている。山麓の丘陵は案外に広大な緑地となって広がり、そこに放牧される羊の群れが、まるで綿の花を緑色の絨毯のそこかしこに散らすかのように真白いスポット模様を作っていた。人影もない僻地の牧羊地がスロープを作ってはうねるように続き、どこかスコットランドの丘陵を思わせるものがあった。スコットランドからの移住者も多いニュージーランドでは、この景色を前に、あるいは遥か遠く故郷に思いを馳せる人たちがいたのかもしれない。

南島《みなみじま》だけではなく北島《きたじま》でも、自然の神秘に触れるような景観が広がり観光客を魅了する。なかでも中心部ロトルア周辺には、ロトルア湖を始め、ブルーレイク、タラヴェラ湖などが点在して湖水地帯を作っている。その近辺には、タニファ・スプリングスや間欠泉で知られるパラダイス・スプリングスもあって、そこかしこに温泉が湧き出ている。いかにも火山が連なる地形ならではの光景であった。

そのロトルアから一三〇キロメートルほど離れた所には、土蛍の生息地として知られるワイトモ鍾乳洞がある。洞窟の奥深く水に浸る場所をボートで進めば、流れが屈折しているので、カーブを曲がるとほとんど外の光は入らない。ボートを降り洞窟の壁を見上げれば、岩の天井からぶら下がるように群れを成す土蛍の幼虫が、怪しげにも美しいブルーグリーンの光を放っている。見物する者は思わず目を凝らし、淡い光のショーに息を呑むのであった。

オーストラリアの大砂漠と横断鉄道の敷設

このドラマティックなまでに起伏激しいニュージーランドの陸島とは対照的に、平らかに続く大陸の稜線がオーストラリアの自然の特徴となる。地形図で見れば明瞭だが、大陸本土の一八パーセントを砂漠が占めている。さらに大陸の西部高地から内部低地にかけても、高温で降雨量の少ない砂漠並みの乾燥地が一面に広がっている。

古来オーストラリア最大の砂漠と言われるのは、西部及び南部に横たわるグレート・ヴィクトリア砂漠で、その面積は二四万八七五〇平方キロメートルに及んでいる。また、中央・西部オーストラリアに位置するギブソン砂漠も広大で、およそ一五万六〇〇〇平方キロメートルに及ぶという。さらに、そのギブソン砂漠やグレート・サンディ砂漠、リトル・サンディ砂漠周辺には巨大な砂漠郡が広がり、そこはまた先住民アボリジニーの生活圏でもあった。もっとも現在では、その砂漠を四輪駆動が疾駆し、パリ・ダカールに匹敵するカーレースが行われている。

延々と続く砂丘の地は、乾燥した土壌と亜熱帯気候により、通常の農栽培は適さない。移住者には蛇やサソリの多い荒地は余計な負担と危険を負わせていた。したがって、初期移住者が好んで砂漠奥地の開拓に関わることはなかった。だが、砂漠に覆われた大地の地下深くに金・銀・銅・鉄・石炭などの豊富な鉱脈が横たわると知るや、この地はオーストラリア経済の牽引力となり国を支えていった。

豊富な天然資源の埋蔵と広大な大陸という条件が、オーストラリア独特の産業を育んでいった。大陸を貫通する鉄道網の敷設である。それは、かつてアメリカ大西部を横断する鉄道建設とある意味で似たような条件を持っていた。つまり、僻地を繋ぐ幹線交通網が、広大な大陸の発展にとっては重要な要素であったのである。

オーストラリア大陸で鉄道建設が始まったのは一八五四年。アメリカ大陸における鉄道輸送の開始から遅れること、わずか二五年ほどであった。しかし、大陸横断の貫通路線については、各植民地間で軌間が異なっていたことがネックとなり、州境を越えての路線の敷設は極端に進まなかった。しかも、大陸の中央に位置する大砂漠が集落の定着を阻み、人家もないこの地に貨車はともかくも、客車をひく横断鉄道の必要性をもたらさなかったのである。

そのため最初に長距離路線が敷設されたのは、東西横断ではなく、南北を貫く縦断鉄道であった。シドニー、ブリスベイン、ゴールドコーストなど観光地や都市部が広がる東部沿岸路線を中心に縦断鉄道が発達する。やがて中部地域でも、北部都市ダーウィンから南部アデレードを結ぶ南部路線が開発され、中断されながらも全線開通する。

このダーウィン＝アデレード路線の操業を手がけたのがグレート・サザン鉄道で、その路線を走る特急列車は「ガン（The Ghan）」の名で知られている。「ガン」は別名アフガン特急とも言い、砂漠を行くアフガンのラクダをイメージしての名称である。一九世紀後半、未開発の奥地に道をつけるため、はるばるアフガニスタンから渡来し、ラクダを率いて奥地に入った御者たちへの謝辞を込めた命名だという。いかにも砂漠が広がるオーストラリアならではの話である。

特急列車「ガン」は、途中アリス・スプリングのほか一二駅を経由し、全長二九七九キロメートルを五四時間かけてダーウィンとアデレード間を走破する。しかし、実際に運行してみると、長距離輸送のため、列車への注水や洗浄水が不足し、機関車の故障・輸送の遅れが相次いだ。最大の難関は地域の路線ごとに軌間が違ったため、直行列車でありながら同じ車両で最後まで行きつけないことであった。そのため乗客は乗り換え、乗り継ぎをし、ようやく終着駅に到達した。こうした不都合は、年月を経て軌間が統一され、線路がすべて新しいものに切り替えられたことで解消され、その結果ダーウィン＝アデレード間の直行便が開通した。ごく近年、二〇〇四年のことである。

一方、すでに貨物路線として東西に貫通していたシドニー＝パース線が、ポート・オーガスタからアデレードまでを旧南北線に乗り入れ、在来路線にも合流して、シドニーまで連結されていく。ダーウィン＝アデレード間の南北直行路線が開通したことにより、シドニー＝パース便もこの新路線に乗り入れ、一気に東西を貫通した。その新路線を現在、東西線としては初めての客車専用の豪華特急列車「ガン」が走っている。

オーストラリア大陸横断鉄道に乗って

二〇〇四年、その年開通されたばかりの大陸横断鉄道特急列車「ガン」に、私も乗ってみたくなった。パースからシドニーまで、実に三泊四日の長旅となる。走行距離は四三五二キロメートル。オーストラリア大陸を、インド洋に面した西玄関口のパースから、太平洋に面する東玄関シドニーまで横断する。

車窓の景色は徐々にしか変わらなかったが、出発した大陸の西側では、ごつごつとした岩肌が広がり、その岩肌を柔らかな黒い羊の毛を思わせるような草が至る所を覆っていた。あるいは、棕櫚の下葉が枯れて風にそよいでいたのかもしれない。広大な大地、茫々《ぼうぼう》とした荒地に痩せた木々が天を突くように生えている様相は、水の乏しい西オーストラリア州の現実を偲ばせる。

やがて二つ目の駅ノーダムを発車して間もなく、車窓の景色を見れば広い平原が展開し、白い羊の群れがのどかに草を食《は》んでいるのが見られるようになった。この辺りからアデレードまでは、太いパイプラインが草原を走っている。水を運ぶパイプラインであった。金鉱の金よりも水ははるかに大事な天然資源で、文字通りのライフラインであった。日が傾き、茜色の雲が東の空を彩り始めた。限りなく続く平原が一層平たくなり、畑の淵を走るように木立が点々と続く。

その日の深夜には、金鉱山カルグーリーを見物するため、カルグーリー駅よりバスに乗ることになっていた。一八七〇年代、三人のアイルランド人により発見された金鉱山が目的地であった。鉱山に着くと、夜を徹して採掘が行われ、煌々と灯りに照らされて約二〇〇人もの工夫が働いていた。金鉱は深掘りの露天堀で、時おり仕掛けられた発破が白い煙を上げている。すり鉢状に底深く掘削された地底のブルドーザーは玩具のように見え、静止画像のように動かない。二四時間連日掘り続けても、今もなお有数な金を産出し、枯渇することはないという。

深夜一二時を回っての翌朝、列車に戻ると、列車はしばらくの間かなり揺れたが、朝になって窓外を見れば、ゴロゴロと転がる岩石、赤土、這うような灌木、それに薄茶けた草が茫々《ぼうぼう》と風になびき、列車はこの荒れた土地をひたすら走り抜けていく。明けても暮れても変わらない荒涼とした大地であった。

一一時を過ぎる頃、次の町クックに着いた。世界一人口が少ない町だという。しばらくすると西オーストラリア、南オーストラリアの州境に達し、長々と続いた西オーストラリアの大草原はこれで終わりだとアナウンスが伝えた。その声を待つか待たずかの速さで、車窓には急に緑の大木がここかしこに広がった。翌朝七時半、列車はアデレード駅に停車し、大勢が下車していった。

やがて発車。いよいよシドニーまでの最後の旅となる。車窓は絨毯を敷き詰めたようなグリーンベルトが続き、時おり馬や羊の群がゆったりと草を食《は》む。豊かな田園風景は、ノーダムの荒涼とした岩石と地を這う草の平原とは打って変わった風情で、さすがに心を和ませる。アデレードからシドニーへの道のりは豊かな穀倉地帯を思わせるのだが、この地の路面はなぜか一面に赤土で、雨量がそれほど多いとは思えなかった。時おり黄色の花やラベンダー色に見える草叢に羊が群れるが、カメラを向けても間に合わない。昨日とは嘘のような列車の速さが疎ましくさえあった。起伏の少ないこの草原に、たまになだらかな丘陵が見え、わずかながら変化のある景色となってきた。

やがてこの路線を走っていて初めてのトンネルをくぐった。しばらく行くと、せっかく敷き詰めたように見えていた緑の絨毯が、いつのまにかまた荒地に戻ってしまった。しかも、所どころサボテンが点在する。やっぱり荒地なのだ。その時だった。見た！　たしかに見えた、三頭のカンガルーが。少し色は薄めだが、それは他の動物と歴然と形が違う。午後二時のことであった。広い低い草原の彼方に、だが至近距離のところで。さらにまた五頭ほどのカンガルーが、今度は跳んでいるところを見た。

車内アナウンスが、今アボリジニーの土地を通過中と告げている。やがてサウスウェスターンの地からニューウェールズに入る州境線を渡ると言う。そして世界で一番翼の長い大鷲も見られるという。ちょっと硬そうな黒光りした山肌の峰が見えたかと思うと、やがて砂山のような高めの山が峰を連ねている。陰影を映し、峰はモリモリと高くなる。だがそれも一時。また峰は視界から消えてしまった。いや、遠くに行ってしまっただけなのかもしれない。飽くことなく眺めた一時間。なかなかの圧感であった。

アデレードを出てから汽車は妙に揺れるようになった。シドニーまでは在来の幹線が通じていて、その古いレールを走っているからなのだろうか。やがて四時半、ブロークン・ヒルに着いた。そこはヘリコプターで救急活動をするフライング・ドクターの本拠地。広大なオーストラリアならではの医療活動である。ブロークン・ヒルはまた、世界で一番上質にして安価な銀を産出する銀鉱山の町でもあった。

広大なオーストラリアの大地を大陸横断鉄道に乗って三泊四日。つくづくとその広さを体感する。今見てきたあの荒野にかつては先住民が追い込まれ、荒れた地に水を求め猟場を探したのだろうか。

オセアニアに課せられた今後の課題

広大なオーストラリア大陸を横断するうち、オセアニアの課題はオーストラリア大陸の広さ以上に途方もない大きな課題を私たちに突きつけているのではないかと、いつしか思えてきた。世界では今、国境を越え、差異や利害を越えて地殻変動や天候異変など地球が直面する現実の課題に向きあい、それをともに担わなければならない時代となった。かつて南海の楽園と呼ばれたオセアニアでも、今や陸地の砂漠化とサンゴ礁の絶滅が頭を悩ませる。

オセアニアにみる砂漠と氷河。一つの大陸と無数の諸島。わずかな陸地と茫洋とする海水域。オセアニアには、抱えきれないほどのアンバランスな自然環境が存在する。だがその差異を越え、あるいは逆にその多様性を活かし、自然環境の危機に対応できないものであろうか。大地は躍動し、地球に変化がもたらされるのは必定で、この深刻な世界の現状に対処するのは喫緊の課題である。過去の植民政策がとった統治形態や開発のメニューのように、一方的な破壊や建設で世界を変えるのではなく、協議と寛容と柔軟性によってこそ得られる真に持続可能な自然への対応を導くため、オセアニアが体験した植民政策からの教訓と解決の知恵を、未来に向け活かすことはできないのであろうか。

第八章　乾いた砂の大地——国境があって、国境のない課題

国境線の意味とその課題を探るうえで、どうしても避けられない最後の課題は、砂の大地が抱える国境ではないかと思われる。そうは言っても、私は、世界有数の砂漠地帯、例えば、サハラ砂漠もゴビ砂漠もタクラマカン砂漠も見たことはない。ここで言う「砂の大地」とは、砂と藁の束が舞うインドの山道、ペトラの遺跡がそそり立つヨルダンの砂漠、砂上に悠久の歴史を留めるスフィンクスやピラミッドの国エジプト、赤土が車道を覆うウガンダ、そしてマサイ族が暮らすマサイマラ周辺である。いずれの地でも、実際に砂漠と向きあって暮らす人々を見た。

インドを除き、これらの地は奇しくも大地溝帯、つまりアフリカ大陸を分断するだろうと言われる巨大な地球の裂け目に寄り添って存在する。いずれの地域もかつてイギリス帝国の支配とその影響を受け、さらには、いずれの地域も古代からの長い時間をロープのように束ね編み、人類に多大な影響を与えてきた。それらの大地では、来る日も来る日も日が昇り、風が吹けば、今まで見たこともない褐色の大地の表層を砂塵が濛々と舞う。自分の日常からかけ離れたこの「乾いた大地」の様相を描かなければ、国境を越える私の旅は終わらない。

インド——砂と藁の束が舞う大地

ムンバイに到着して

私が初めてインドを訪れたのは一九九二年一二月、プーナで開かれたユネスコ地域会議に出席した時であった。日本から国境を越えて見た旅の中でも最も衝撃的で、考えさせられる問題をいくつも突き付けられての旅であった。

その日、ムンバイ（旧名ボンベイ）の飛行場に着いたのはすでに深夜に近かった。空港からホテルに向かう車窓から見た戸外の光景に、私は思わず目を奪われた。夜も更け、一一時を回ろうというのに街には人が溢れていた。行事があるわけではない。ただ、そぞろ歩きをし、立ち止まっては話をしている。人々の群れは歩道にも車道にも溢れていた。

最初は、薄明かりしかない暗い夜道でよくわからなかった。人の流れを目で追えば、歩道に止められた荷車の上には子供、大人、犬までもがともに身を横たえ、じっとして動かない。夜になっても空気が冷えないこの大都会では、戸外でなければ暑くて休めないのだという。裸電球がぶら下がる奥行のない戸内には人の影は見えなかった。

翌日の午後、ムンバイからプーナに飛ぶ飛行機が急に欠航となり、日に一本しかないムンバイ＝プーナ間のルートは他に代替便がないという。止むを得ず中央駅に行き、列車の切符を取ることにした。二時間並びようやく窓口で空席の有無を尋ねると、客車がついたプーナ行きの列車は日に四便で、すでに満席だという。今や会議に間に合うためには「乗合タクシー」で行くしかない。それさえも、プーナに着くのは明日の昼過ぎになる。

「乗合タクシー」は早朝出発なので、朝三時半にはホテルを出、長距離専用のタクシー乗り場に向かった。相乗りとは聞いていたが、こんな早朝にプーナまでタクシーで行く人は結局、私と同行の文部事務官（当時）の二人だけであった。

ムンバイからプーナへ、乗合タクシーで山越えすれば

タクシーは闇の町を走り、やがて西ゴート山脈を横断するハイウェイに入っていく。闇はさらに闇を増し、かろうじて車の前方が見えるだけであった。だが、タクシーはスモールランプしか点灯《つけ》ていない。燃料倹約なのか、それとも運転手の視力が良いのか。そういえばここでは、眼鏡を着装する人はほとんどいなかった。眼がよいのではなく、眼鏡が買えないのだという話も聞いた。

道中、山脈越えの道筋には、ハンドルを切り損ねてか、急カーブの谷底下に大型トラックが横転している姿を見た。それも一度や二度ではない。よく見れば、崖っ縁沿いの道路脇には柵やガードレールはおろか、危険を知らせる標識一つなかった。

ほんのりと夜が白みかけてきた時、検問だと強制的に車が止められ、制服姿の男が近づきスー

ツケースを開けろと言う。「電化製品はないのか」と、男は当てが外れたように私たちを放免した。あれは一体何だったのだろう。

郊外に入ると道端に小さな小屋があり、その前では人・犬・牛が境目なく添い寝していた。やがて戸外で人が動き始める。朝のラッシュだろうか、車に交じり数多くのバイクを見かけた。よく見れば運転席の前に一人、後ろに二人、計三人の子が、おそらくは母親であろう運転手にしがみついている。改めて人の多さに圧倒された。

長距離専用の乗合タクシーは町中では走れないため、私たちは途中で市内専用タクシーに乗り換えた。タクシーは三輪車で荷物用のトランクルームはなく、後部座席にスーツケースを置き、私たちはその間に座った。荒れた車道で振動が激しく、荷物と車の取手にしがみつかんばかりであった。

昼過ぎ、やっと会議に参加すると、会場では大きなファンが天井で回り、暑さを凌ぐには決して不快ではなかった。遅めの昼食時に戸外に出れば涼やかな木陰があり、天然のクーラーのように快適な居場所を作ってくれる。食事は濃い味が染み込み、ほとんどの料理にマサラを使うのだろうか、鳥料理も魚料理も等しくカレーの味がした。面白いことに、食卓に配られた生水を飲まないのは日本人とニュージーランド人だけで、他の東南アジアの出席者たちからしきりに不思議がられたものである。

ノン・フォーマル教育《エデュケーション》

会議は「義務教育を阻む社会的要因」がテーマで、東南アジア諸国から、義務教育の制度はあっても、貧困のため家事労働を課せられる子供たちが就学できない現状が縷々説明された。この未就学児問題に関連し、会議二日目の夕方、ノン・フォーマル教育《エデュケーション》の現場を視察することになった。そこではNGOのグループがボランティアで寺子屋方式の勉強を教えている。バスで行けばちょっとの距離だと聞き、出席者十数名全員が参加を申し出て、一時間かけやっと手配ができたという小型バスに乗り込んだ。

バスはラッシュで混雑する町中を抜け、やがて山道を登り始めた。人家は疎らとなり、周辺には田園風景が広がっていった。斜面に生える丈高の草が風になびくだけで何の畑かわからない。おそらくは穀物と思われるが、その「段々畑」がひと山またひと山と続いていく。バスは明らかにギアを切り替えて急勾配を登っていった。

周辺はよほど風が強いのであろう。刈り取られた草や枝を束ねたものか、それとも根の浅い草木を風が巻き込んで作った木の束か、ひと塊となった茶褐色の草木がダストボールのように宙に舞い、時には傾斜する畑をごろごろと転がっていった。

何度山を巡り、何度カーブを切ったであろう。山道は果てしなく続き、優に二時間は走った。これが「ちょっとの距離」とは、さすが悠久の歴史を刻む国だと感心していると、バスは大木の脇を大きく曲がって止まり、目の前の小さな建物が目的地だという。

建物内にある集会所からは子供の声が聞こえ、灯りが漏れていた。バスの到着を待っていた子供たちは来客用のカーペットを敷き、私たちを招じ入れた。彼ら自身は傷んだ別のカーペットに座っている。

五歳から八歳くらいの子供たち数人が輪を作り、藁半紙を片手に大声で何かを読んでいた。それは教科書代わりの読本で、太い大きな文字が手書きで書かれてあった。

子供たちは久々の客を迎え、はしゃぐかのように元気いっぱい声を張り上げる。もう、嬉しくてたまらないという浮き立つ感情が伝わってきた。側には小石が幾つも積み上げられ、子供たちはそれを使って数を数えるという。さらに片隅には粘土でこねた山や周辺地域の模型図があり、地理の学習に使われていることは明白であった。これで読み書きと算数と地理が教えられる。教師は一〇代半ばの少女だろうか、子供たちにとっては、教師というよりもお姉さんのような存在なのかもしれない。

周辺には農家が多く、昼間両親は畑に出て一日中家には帰らない。子供たちは留守番をしながら料理・洗濯・幼い兄妹の世話に追われ、学校に行く暇もないという。義務教育制は立法化されているが、その実施に至らないのである。

NGOのグループが立ち上げた寺子屋式学校は、両親が畑から戻ったあと、夜八時から村の集会所で開かれる。子供を遅くに外に出すことを渋る両親を説き伏せ、送り迎えすることを条件にやっと実現した。昼間の家事で疲れ果てようと、子供たちは意気揚々と「登校」する。そのキラキラと輝く瞳を見ていると、勉学に対する喜びなのか、それとも新しい環境への好奇心なのかはわからないが、少なくとも目先の開けた希望を追っている輝きであった。

やがて私たちは子供たちの送別の唄に送られて集会所をあとにした。戸外に出てふと空を仰ぐと、手の届きそうなところに降るような星が輝き、私は子供たちの目をもう一度見たような気がした。小さな寺子屋の教育が子供たちにひと時の希望の光を見させたのであろうか。「教育は希望」と、どこかで呟《つぶや》いている自分がいるように思った。

星降る村を後にして

長い往復の道のりも忘れ、皆、再びバスで市内に戻れば、早時刻は夜の一一時。すでに町のレストランは店じまいとなり、私たち日本からの二人は持参したインスタント粥で一食を凌いだ。厳しいインドの日常を目の当たりにし、あまり清潔とは思えないホテルの一室で、私たちは言葉もなくその日を終えた。

会議はなお二、三日と続いたが、私は日本政府の義務教育に関する報告とステートメントを発表したあと、本業との兼ねあいもあって、ひと足先に帰国しなければならなかった。プーナからムンバイまでの帰り道は一人旅となる。心配したプーナの教育委員会がタクシーを手配してくれた。長距離ドライブに備え、運転手は二人付くという。委員長は何度も私に、たとえドライバーが料金を請求しても決して払わないこと。仕事が終わってから払う契約なのだからと繰り返し忠言した。

再び超える西ゴート山脈。そのあとは変化もない平地走行が延々と続く。夜道とは違い、炎天下の暑さと埃舞う悪路に煩わされ、行きとは異なる別の苦行が待っていた。車は黒塗りのベンツだが、おそらくは相当の中古車なのであろう。すでにショック・アブゾーバーもクッションも壊れ果てている。車の振動は尋常ではなく、そのうえクーラーがないため、すべての窓を開け放して数時間を走り抜く。熱気を帯びた風とともに砂塵が舞い、口を開ければ砂を食《は》む歯応《はごた》えがあった。窓を閉めたのは目的地ムンバイの渋滞地域に入ってからで、信号待ちのたびに小銭をせびる数人の子供たちを追い払うためであった。運転手は子供たちに向かい、「しっ！」と犬を追うように窓越しに言った。

インド再訪の地はベンガルール

ムンバイ＝プーナと強烈な印象を私に残したインドへは、縁あってその後、今一度訪問する機会を得た。一九九六年正月、会議が予定されていたベンガルール（旧名バンガロール）を訪れた。成田からニューデリーまで行き、そこからチェンナイ（旧名マドラス）で乗り換えてベンガルールに入る。乗り換えの待ち時間も入れ、インドに入っておよそ丸一日、空港または機内で時を過ごした。

早朝のチェンナイ空港では蚊の大軍が蚊柱を作り、果ては機内にも迷い込む蚊がいて、私はちょっとしたパニックに襲われた。その冬、蚊が媒介するデング熱がインドで大流行と聞いていたからである。

ベンガルールはインドのスイスとも言われる行楽地で、多くの人が休暇に、観光に、会議にと訪れる。たしかにムンバイとは異なり、落ち着いた雰囲気と綺麗な街並みが散見された。ベンガルールの帰りに立ち寄ったニューデリーではなおのこと、高層ビルや幅広い道路など、近代化された街並みに圧倒されもした。広いインドを一概に論ずることができないのは当然である。

そういえば私が見たムンバイもベンガルールも、インド大陸にあっては南寄りの地域にあり、インド洋に通ずるアラビア海の沿岸、もしくはその近隣地域となる。垣間見たニューデリーのみがかろうじて北部中央寄りに位置し、どちらかと言えばヒマラヤ山岳地帯に寄っている。しかし、大陸東部にはバングラディシュとの国境に近いコルカタ（旧名カルカッタ）を始めベンガル湾に面した地域もあって、結局、私は広大なインドの一部を覗いただけであった。

インドという国

インドの総面積は三〇〇万平方キロメートルを優に超え、世界の国の中でも七番目に広大な面積である。しかも、南北に三〇〇〇キロメートル余、東西も広い所で三〇〇〇キロメートル弱と、三角形の形状ながら縦横に均等な広がりを持っている。

一方、インドはインド洋に繋がるアラビア海、それにベンガル湾という二つの大洋に面し、沿岸の長さは合計すれば七五〇〇キロメートル余の膨大な海岸線を有している。この広大な国土に世界で二番目に多いと言われる一三億余（註　二〇一五年統計　日本の外務省は二〇一一年の国税調査をもとに、面積三二八万平方キロメートル、人口一二億一〇五七人と公表している）の民が生活する。

これら桁外れな大きさから言っても、一国としてまとまりある国家を築くのには、いかに難題が多いかが察せられる。それは国内の指揮系統の統一という内政問題に加え、面積が広い分だけ多くの国と国境を交え、それゆえの対外問題があるという両面があろう。行政区分から言えば二九の地域区分があり、さらに多数の州や県に分かれている。それぞれの地域には部族古来のしきたりがあり、実際、部族勢力は地方では強い影響を及ぼしている。

インドはもともとマウリア王朝やグプタ王朝、あるいはマラーター王朝といった古代から中世にかけ強靱な勢力を持つ歴代帝国の存在を背景に、長い歴史を築いてきた。たとえ近代になりイギリスの植民支配下で強制的な統合が図られようとも、人々の生活やしきたりから古い部族勢力を一掃することはできなかった。

逆に、植民地の統治をスムースにするため、地域の部族をまとめて新たな藩王国を創生したケースもあった。ジャンムー・カシミール藩王国もその一つで、一八四六年に立国した。インドの北の国境となるヒマラヤ山麓とカラコルム山脈に続くカシミール地方に位置し、細かくはカシミール渓谷地方・ジャンムー地方・ラダック地方の三地域に分かれるが、前二者の名を冠してジャンムー・カシミール州となっている。

インドの少数民族ではタミール族などが知られるが、ジャンムーからカシミールに続くヒマラヤなどの北部山岳地帯、あるいはインドの北東部・南西部・中央部には至る所で少数民族が拡散してベルト状に居住する。それでいて少数民族がインド全人口に占める割合は、一九九一年の統計では、わずか八パーセントに過ぎない。しかも少数民族は国全体に広く分布するものの、部族単位が小さいうえ、それぞれがグループ化し、部族民の出自やどの部族に属しているかなどのアイデンティティーは案外と明確ではない。一つには、階級《カースト》制度が部族間相互で交錯し、部族の特性をわかりにくくしているからだという。したがってジャンムー・カシミール藩王国でも、少数民族がベルト状に居住する地域でありながら、主流となるのはチベット系民族である。

インドにおける宗派と藩王国

一方、インドに古来根づいてきた宗教的背景は、大まかに言えばヒンドゥー・ムスリム・仏教が主流となるが、これらもまた一定の地域にまとまったテリトリーを作っているわけではない。むしろ一つの地域の中に分散され、それぞれがグループ化して主流となる。例えば先のジャンムー・カシミール州では、ある地域ではムスリム教徒が多く、他地域ではヒンドゥー教徒が過半数となっている。しかし、別の地域では仏教徒とムスリム教徒がほぼ半数で拮抗する。さらにジャンムー・カシミール州は、チベット密教で知られるチベットとも北端で国境を接し、いくつもの宗教が交錯している。

インド国内にあって、宗派として際立って大きなムスリム集団を作っていたのがパキスタンであった。そのため一九四七年、インドがイギリスから独立する際、パキスタンは新国家を建設した。それにより国境沿いのいくつかの旧藩王国もインド、パキスタン、あるいはそれ以外の国のいずれに帰属するかを巡り決断を迫られた。その一つジャンムー・カシミール藩王国は、即断を避け、結論を先送りした。藩王自身はヒンドゥー教徒であったが、住民の八〇パーセントがムスリム教徒で、軽軽な決断は許されなかったからである。

独立もまた選択肢の一つと考えていた藩王国に対し、王国内の多数派のムスリムは当然、藩王国の帰属はパキスタンであると主張した。パキスタンはこれら急進派勢力に押され、ついに藩王国に武力介入する。介入を受け藩王は、逆にインドへの帰属を表明してインドからの援軍を仰いだ。それに端を発して生じた戦闘が、第一次印パ戦争である。爾来この地域を巡り、インド・パキスタンの両者が領有を主張し、幾度もの軍事衝突が繰り返されてきた。

たまたま一九九二年と九三年、私が日本政府代表の一人として国連総会に出席していた時にも、両国間では繰り返しカシミールを巡る舌戦が戦われていた。それぞれが相手軍から受けた殺人や強姦被害の細かい数字を挙げ、公的声明文で相互に非難しあい、告発した。挙げる数字が詳細すぎて、かえって作為あるデータかと思わせたものである。やがて印パ間に暫定的和解の兆しが見られると、これらの舌戦は突然ピタリと止んだ。とはいえ、現在でも国境線付近ではインド・パキスタンのみならず、中国が実効支配する領域も隣り合わせにあり、散発的な軍事衝突は皆無ではない。

この国境が複雑に入り組んでいるところが、まさに大国インドにとっては尽きない不安定要素を孕んでいるのであろう。すでに触れたとおり、インドは東部コルカタ近くでバングラディシュと国境を交え、その国境線を北に上がるとネパールと接し、その国境線をヒマラヤ山系の極みに沿って西に移行すれば、崑崙山脈を背景に中国と国境を交えている。さらに中印国境線を北に上ってカシミールに至れば、今度はカシミールから西に向けパキスタンとの国境線が南下し、国境線はそのままアラビア海まで続いている。

インドの根源的問題 ―― 貧困

こうした複数の国境線に囲まれ、しかも巨大な面積と人口を有するうえ、複雑な部族構成を持つインドでは、まさに内憂外患の問題を抱えている。その中で、インドを悩ます究極の問題は貧困にあると、長いこと言われてきた。貧困は、多大な人口をインドが抱えていると同時に、激しい貧富の差があるためだと言われ、しかもその背景には巨万の富を持つ不在地主が、富を自国に還元していないことが諸悪の根源だと言われてきた。不在地主の大富豪層は、外地にあって、自国の困窮や疎ましい社会問題に接することも、不自由を感ずることもなく、自らは広大な土地から上がる収益で安穏と暮らしているというのである。

だが、この不滅の貧困問題の解消に、希望の光が見えないわけではない。近年、インドは

ＩＴ産業を中心に目覚ましい発展を遂げ、一躍世界一〇位となる経済産業国に急浮上してきたからである。ただ、貧困問題の根本的解消には、その発展が持続可能であること、膨大な人口に広く遍く及ぶものでなければならないこと、この二点に尽きよう。

ヨルダン――砂漠に埋もれたペトラの遺跡

ヨルダンという国

インドに見た経済的貧困・教育の欠落・宗派の対立・部族間抗争は、多かれ少なかれ「乾いた大地」の国々すべてに共通する。ただ、教育の普及と近代化において例外的な存在はヨルダンである。皮肉なことにそのヨルダンでは、高等教育が普及して単純労働に従事する人材が減少し、新たに職業訓練を強化する必要があるという。しかもヨルダンでは隣国パレスチナから流入する難民で、労働市場が不安定になった。難民の流入は第一次中東戦争（一九四九年）に始まり、第三次中東戦争（一九六七年）、湾岸危機（一九九一年）と、時を追って進むヨルダン特有の杞憂される問題であった。

ヨルダンはムハメッドの末裔となるハシュミット家が治める王国だが、地理的にはアラビア半島の北の付け根に位置している。ヨルダンの外郭となる国境線は複数の国と交錯し、しかもヨルダンよりもはるかに広大な面積を持つ国々にも囲まれている。まず南と東でサウジアラビアと接し、北東ではイラクと、北ではシリアと交わっている。さらに西ではヨルダン川を挟んでイスラエル、並びにその延長線上でパレスチナとも国境を分かち合う。

そのため、周辺諸国との力関係において、ヨルダンは必ずしも安定した立場にあるわけではない。もともと古くから交通の要所であったため、周辺帝国の侵略や制圧を受けやすく、ペルシャ・ギリシャ・ローマといった強大な帝国など外部勢力の圧力に晒されてきた。アンマン市北西部にある古代ローマ帝国の遺跡ジェラッシュも、それを物語っている。

世界情勢に翻弄されたヨルダン

ヨルダンが現在のように独立を認められたのは第二次世界大戦後だが、国の基盤となるトランスヨルダンの歴史はそれ以前に遡る。つまり第一次大戦中にトランスヨルダンは、他のアラブ諸国とともに支配勢力下にあったオスマン・トルコに反旗を翻す民族蜂起に加わった。だが戦後は、大戦中に取り決められたイギリス・フランスの密約により新たな運命を背負うことになる。言うまでもなく、それはイギリスとフランスが自国側陣営に利するため、中東を巡り戦時下で交わした三つの密約に起因する。

密約の一つは、トルコに対抗するアラブ勢力の協力を得ようと、イギリスがオスマン・トルコ領有地にアラブ諸国の独立を約束したマクマホン宣言。それとは別に、オスマン・トルコ帝国を廃して、密かに西アジア分割政策を図ったイギリス・フランス案のサイクス＝ピコ条約。さらにユダヤ系の金融資本の協力を得ようと、パレスチナの地にユダヤ人居住地区の建設を約束したイギリスのバルフォア宣言。それらにより、アラブ関係国間の入り組んだ線引きが大雑把な領域線で総括され、重複した国境線を生む結果となった。これら約束事は、中東諸国の位置づけをますます不安定にし、やがて絶え間ない中東戦争を誘発する。その緊張は今も尾を引き、国境周辺にいる住民の生命を脅かし、自由に往き来さえできない日常の不便を生じさせている。近代における不条理な国境取り決めの結果と言えよう。

なかでもサイクス＝ピコ条約の取り決めにより、ヨルダンはイギリスの委任統治領となったが、それはヨルダン川西岸を除く全ヨルダン地域をトランスヨルダンとパレスチナに二分するものであった。やがてイギリスの委任統治に批判的な声が強まり、第二次大戦後にイギリスは委任統治権を放棄し、ヨルダンの命運は国際連合に委ねられた。それにより一九四八年、ヨルダンの独立が実現したのである。

翌年、ヨルダンは第一次中東戦争を終結させ、ヨルダン川西岸地区を併合する。さらに一九五〇年には東エルサレムを含む地域をも併合した。これに対しイスラエルは六七年、第三次中東戦争をもってこれを奪還し、その後この地域は、イスラエル軍とパレスチナ自治政府による共同統治下に置かれるようになった。

独立したヨルダンはアラブ諸国の中でもヨーロッパの西側諸国に最も近く、産業・貿易・教育など、西側諸国が持つ近代的要素を積極的に取り入れていった。その近代化の先駆けとなったのは当時の国王自身でもあった。現在、ヨルダンはEUと特別な関係を持つほか、欧州地中海自由貿易地域のメンバーでもあるが、一方では、アラブ連盟やイスラム諸国会議機構（OIC）の創始メンバーでもあり、ヨーロッパとアラブ圏双方にバランスある関係を保っている。とはいえ、アラブ諸国やイスラエルやパレスチナと国境を交える国として、ヨルダンは不安定な国境問題を抱えている。

ヨルダンを訪問して

私が初めてヨルダンに行ったのは外務省の派遣事業で中東の女性団体との交流を図るためであった。事業のきっかけは一九九四年、日本を訪れたバスマ王女や、九五年同じく来日したハッサン皇太子の働きかけもあり、当時は日本・ヨルダン間の親善交流が一気に進んだ時期であった。すでに、ＯＥＣＤ（経済協力開発機構）やＪＩＣＡ（国際協力機構）などの支援を受けていたヨルダンであったが、私たちはアンマン滞在中、教育・厚生・労働・女性の地位向上などさまざまな課題を巡り、各担当大臣や政府高官・民間団体と意見交換をした。教育制度、ことに高等教育の進んだヨルダンと日本とではかなりの共通点もあって貴重な交流も行われたが、一方で、当時ヨルダンでは複数の女性が閣僚に起用されていて、日本から見れば驚くばかりであった。

しかしヨルダンは必ずしも性差別が皆無という社会ではなかった。一つには、部族で構成される地方自治体では部族長の社会的権限が強く、その部族長に一人たりとも女性が選ばれていないという事実が厳然としてあった。古来の慣習や社会的・宗教的しきたりが、伝統継承の名で根強く維持される温床がそこにあり、女性の地位向上を阻む大きな要因ともなっていた。その部族を核とする社会体制は、ヨルダンのみならず「乾いた砂の大地」の国々に広く共通する。

共通問題はそのほか、当然にして、砂漠化が進む乾燥地との戦いであった。ヨルダンはアラビア半島の付け根にありながら、厳密にはアラビア半島を構成する国家とはみられていない。それでもアラビア半島の大部分が砂漠で占められているように、ヨルダンもまた国土の八〇パーセントを砂漠が占めている。

ただ、他のアラブ諸国と比べれば、ヨルダンの位置する半島沿岸部、ことに紅海沿岸地域は南北に走る山脈や季節風の影響を受け、適宜な湿度をもっている。そのため農耕も可能なのだが、国土に占める森林がわずか一パーセントとあっては、乾燥地の国であることに違いはない。

ヨルダンでは、アンマン市内や市街地で新築の石造りの家々を多く見た。小高い斜面に建つ家はおしなべて砂地か岩地を土壌にしているのであろう。白亜の石の家々の庭や玄関ポーチの小道《アプローチ》には、乾いた大地が覗いていた。

砂漠を抜けるペトラからアカバへの道

ヨルダンで本格的な砂漠が広がるのはアンマンより南、アカバ湾に通じる広大な領域においてである。砂漠に埋もれた古代の町ペトラの遺跡も、アンマンから南へ約二六〇キロメートル離れた所にあった。そこには砂と岩石が造形美そのものとなって遺されているが、先人が現地に残した岩の神殿や上下水道の設備などを見るにつけ、砂の威力と、また砂漠では必ずや欠落する水路が必定であったことを偲ばせる。

ペトラへの道中は、果てしなく続く砂漠を抜け山間《やまあい》に入ったかと思うと、また砂漠にと入る。途中、ネボ山を始めいくつかの標高ある山々を仰ぎ見て、その山麓を行く。だが、この乾ききった大地をひたすら南下すれば、紅海に注ぐアカバ湾の入口、アカバ港に出るのである。それは、映画『アラビアのロレンス』が、スクリーン上で描ききった行程であった。

無論、私たちはロレンスのようにラクダを駆っての砂漠越えではなく、時に舗装され、時には未舗装の車道を車で行った。それでも淡々と続く砂の荒野を前に、私たちは乾いた土の表層が荒々しい自然の挑戦を受ける過酷さを見せつけられたのであった。

砂漠の砂は必ずしも私たちが想像するような軟弱で細かい砂粒ばかりではなく、時に大きな岩石となって岩山を作っている。ことにペトラ周辺では山懐に抱かれた大型の岩石を削り、彫り込んで建てられた岩の神殿が散見される。そもそもペトラとはギリシャ語で岩を意味し、それがラテン語になるとペトロになる。つまり、「汝ペトロの上に教会を建てん」とした「イエスの言葉」にあるペトロとなる。ペトロとは、人名でありながら岩を意味すると聞けば、イエスが使徒に託した教会の意味が判然とする。その語源を共有する岩の神殿ペトラを見学した。

岩と岩の間を走る細い裂け目の道シークを行けば、古代、灌漑や用水路に用いていた水の道が見て取れる。やがて少々道が開けば、そこには墓所を兼ねた神殿が建っていた。エル・ハズネの建物である。道の流れは自然と他の神殿へ導かれ、王家の墓に出る。

ペトラの地は、降誕前二世紀にアラビア半島から移住したナバテア人が王国を築いたと言われている。以来、そこはナバテア人や砂漠の民ベドウィンたちにより、砂嵐や他部族の襲撃を逃れる避難所として使われてきた。鮮やかな褐色の土のため、ペトラはローズの町とも呼ばれていた。だが、ナバテア王国の威力を畏れたローマは、やがて町を攻略する。その後、度重なる地震の災禍をも受け、ペトラは大きく破損した。ペトラの考古学的検証が進められたのは二〇世紀に入ってからであった。

乾いた大地にあって、古来、なによりも求められてきたのはオアシスであり、それを巡り多くの部族間の対立や縄張り争いが起こったことは言うまでもない。だが、現在のヨルダンについて言えば、水源の問題に加えもう一つ、砂漠の地だからこそ、失われた大地への消えないトラウマが潜んでいるように思われた。

ヨルダンの消えないトラウマ

それは、私たちがヨルダンからイスラエルに向かう道すがらでも痛感させられた。当時私たちは、ヨルダン川にかかるアレンビー橋を歩いてイスラエル側に入ることができた。一九九六年のことである。

アレンビー橋はもともと一八八五年、オスマン帝国が架橋したが、一九一八年、イギリスがこれを補強し、英将軍の名をとってアレンビー橋と呼ばれるようになった。その後、二度にわたり戦略上の理由で爆破され、六八年に日本政府の支援で木造の橋が完成し、九〇年代には近代的な舗装道路の橋に建て替えられた。その道はイスラエル、パレスチナ、ヨルダンを行き来する最短ルートとなるが、繰り返される中東戦争のためしばしば閉ざされ、私たちが渡ったのも束の間、再び行き来は制限されてしまった。

そのアレンビー橋を渡ってしばらく行くと、ヨルダン川西域の南側に古代人が居住したジェリコの町がある。その先辺りからであろうか、砂漠の赤土にとって代わり生い茂る緑の葉が見えてきた。緑の多くはオリーブ畑で、入植に当たってイスラエル人が植林したという。さらにイスラエル領内に入ると、オリーブのほかブーゲンビリアの花も色づいて見え、ヨルダンとは全く異なる風情が展開される。人力だけではなく、陽気にも隔たりがあるせいであろうか。

だが、ヨルダンでは、ヨルダン川西岸地区もそうだが、多くの土地をイスラエル建国により失ったというトラウマが見え隠れする。ヨルダンの乾いた大地とは対照的なイスラエルの緑は、喪失したものだと思っている。乾いた砂の国にあって、枝もたわわに生い茂る緑や果実がすぐ目前に見られるというのは、どれほど焦燥感を覚えるであろうか。しかも、それが失われた大地だとすれば、抑えても抑えきれない思いが込み上げてくるのではあるまいか。

本著の印刷行程で、ペトラ遺跡で大規模な土石流が発生し、ヨルダン各地で洪水による死者や災害が生じた。ヨルダン・ハシェミット王国とヨルダンの方々に深い追悼とお見舞いの意を表したい。

エジプト――悠久の歴史を砂上に留めて

ナイルの恵み

砂漠化に対峙するということからすれば、ヨルダンの隣国となるエジプトでは、より一層深刻な事態が日常にある。エジプトは、ヨルダンを始めアラブ諸国と隣り合わせにあり、オスマン帝国の影響もあったことから、なんとなくアラブ世界の一員というイメージもあるが、地理上ではエジプトはアフリカ大陸にあり、しかもエジプトが陥った砂漠化と貧困の課題は、むしろアフリカ全土に通じる砂漠化の根源的課題と通じている。したがってここでは、エジプトをアフリカの主要国として位置づけ、見ていくこととする。

エジプトはアフリカ大陸の最北・最東に位置し、北の国境は地中海となる。人類最古に類する歴史をもち、隣国のチュニジアと同じく地中海に面していることで、早くから西側ヨーロッパ諸国と交流があった。さらに地中海の東沿岸では、中東諸国を経てアジアに通ずる交易をも展開させ、レヴァント貿易の拠点ともなっていた。少なくともベネチアが地中海航路を開き、東西交易を手中に収めるまでは、エジプトは地の利と水の利を得て周辺を席巻した。

エジプトでは大河ナイルが南北を縦走して豊饒な土壌を提供し、それにより小麦やパピルスに至るまでの農作物を早くから生産した。時の流れとともにナイルから水を引く灌漑の便や、逆に氾濫に備えて治水の構えも講じていく。しかも、そのナイルの流れに乗れば、内陸部への水路を確保することも可能であった。これらナイルからの恩恵を受けたエジプトの発展は、統治の良し悪しにもよるが、歴代王朝が内部で競い合いながらも、長期間、この地域に安定した勢力を維持した成果であった。

なかでもエジプトに君臨したプトレマイオス朝は、元はシリアからヌビアにかけて広大な領土をもつギリシャ系勢力であったが、エジプトをヘレニズム世界に融合させ、王国を拡大していった。しかし、王朝が内乱で衰退すると、エジプトはローマ、ペルシャなど外部勢力に脅かされ、七世紀にはビザンチン帝国、さらにはモスレム系アラビアの支配下に入り、以後、長期にわたりアラブの支配が続いていった。やがて一六世紀になり、エジプトを最終的に手中にしたのがオスマン帝国であった。

オスマン帝国と外国勢力の関与

しかし、オスマン帝国も三世紀に及ぶエジプト支配の間、嵩む防衛費や黒死病の蔓延、あるいは深刻な飢饉などで経済が疲弊する。やがて一九世紀になると、エジプトはオスマン帝国に代わり海洋貿易で力をつけたヨーロッパ諸国の影響を受けざるを得なくなった。それらはポルトガル・フランス・イギリスなどであったが、なかでもイギリスは軍事・外交面でエジプトに対し優位となっていく。

イギリスは一七世紀にスコットランドを併合し、一九世紀初頭にはアイルランドを併合して大英帝国の基盤を作っていた。その力を後押ししたのは、言うまでもなく一八世紀から一九世紀にかけ産業革命を経て急速に発展したイギリスの経済力であった。エジプトで経済的破綻を来《きた》したオスマン帝国が一九世紀後半、イギリスの経済力を頼みとしたのも、まさにこのイギリスの経済資本に他ならなかった。

しかしエジプト国内では、度重なる財政上の失政とイギリスやフランスなどの経済干渉が高まったことへの不満が募り、国粋勢力が台頭する。第一次大戦下でも反英・反仏を貫いたエジプトは、やがて一九二二年、ついに独立運動に動いていった。

エジプトの独立、それを受け継ぐ政権の課題

独立宣言を発布したエジプトに対し、イギリスは影響力を保ちながら民主化を認め、一九三六年にヨーロッパでナチス勢力の台頭が懸念されるようになると、エジプトと協定を結んだ。しかし、エジプト国内に膨らむ国粋主義の動きは水面下で勢力を強め、五二年のクーデターにと繋がっていく。

エジプトは革命により共和制と大統領制を導入し、アブデール・ナセルの時代に入った。対外的にも運河の国営化を図るなど外国勢力追放へと動き、それがスエズ危機を招いていく。この外交危機を機に、エジプトはシリアと同盟を結ぶなど、アラブ諸国と連帯を強めていった。

その後、スエズ危機に加え、イスラエルのアラブ地区への侵攻が一段と不安定な要素を増していく。イスラエルによるエジプトのシナイ半島侵攻。ヨルダンによるヨルダン川西岸地区の併合とその返還。いずれもが一九六七年の第三次中東戦争の火種となった。当時の冷戦時代にあっては、アラブでの地殻変動はアメリカ・ソ連をも巻き込み、ひとかたならぬ緊張感をもたらしたが、米ソ対立の中、エジプトは国家間の調停役を期待されるところが多く、次第に無視できない存在となっていく。

一九七〇年には新生エジプトの柱であったナセルの死、その後継者サダトの暗殺、それに伴うムバラク政権の誕生と、わずか三年のうちにめまぐるしい変化をみたが、七三年以降は、ムバラク政権の長期にわたる安定した軍政時代が続いていった。しかし時代を経るにつれ、同政権もその独裁制や財産の私物化が疑問視され、二〇一二年には一連の革命「アラブの春」がエジプトにも及び、打倒されてしまった。

このエジプトを私が訪れたのは二〇〇五年一一月半ば。ムバラク政権の末期で、かろうじてまだ安定した体制が維持されていた。カイロ空港から一路ハイウェイを抜けホテルに入れば、部屋からも滔々と流れるナイルが眼下に望めた。それを見れば誰しもが、ギザのピラミッドやスフィンクスを初めて見た時と同様、悠久な時の流れと、歴史的スポットの中に今自分がいるのだという興奮を覚えるに違いない。

乾いた太陽、乾いた大地

カイロの朝は早くから陽が昇り、空も晴れてはいるがどことなく翳《かす》み、乾いて薄茶けた空気が漂っていた。澄みきった清涼の空気とはほど遠く、淀んだような光を感じるのは砂漠から運ばれる砂のせいであろうか。すっきりとしない空気のなか、私たちは、今回の交流訪問の課題でもある教育環境の視察のため、カイロ市内の貧困家庭の子供やストリートチルドレンを保護する施設の見学に赴いた。

施設では、屋内に限らず庭の一郭にも椅子を配した授業現場や遊び場があり、そこからは終始コーランを諳《そら》んじる子供たちの声が響いていた。また、保護施設の階下には、母親のための医療施設もあり、内科・歯科・産婦人科・神経治療相談室・救急処置室と、至れり尽くせりのメニューで施設は運営されていた。

さらに母親学級の教室もあり、彼女たちはミシンを使っての裁縫や手芸、それに通常の読み書きやコンピュータに至るまで、今まで触れることのなかった学習にそれぞれ真剣に取り組んでいた。五、六文字しかない自分の名前を、指導を受けながらコンピュータに打ち込んでいた女性は、打ち終わると達成の笑みを浮かべ、初めて表情を和ませた。

家庭にはないコンピュータに自分の名前を打ち込むことにどんな意味があるのだろうか。だが、当たり前の教育から取り残された女性たちが、エジプトのみならず多くの開発途上国には未だ桁外れにいる。その基礎教育すら受けられなかった人たちが今、先端技術を駆使して製造されたコンピュータに向かい自分の名前を刻んでいる。一旦コンピュータを閉じれば、せっかく打ち込んだ自分の名前は消えてしまう。そのはかない学習を教育と呼べるのかは疑問だが、少なくとも名前をコンピュータに打ち込んだあの女性は、束の間の達成感と自信を得たのであった。

一時間後、私たちは次の訪問先へ向かった。そこはリサイクル活動を通して職業訓練をしている学校であった。聞けば、かつては広大なごみ処理場の跡地で、女性や子供をも含む大勢の人たちがゴミを漁り、わずかながらの生計を立てていたのだという。施設の運営者の話によれば、今は同じゴミでも、それを再生し、第二の資源とする方法を学んでいる。

古紙を再生する紙漉きの小さな工場。端切れを使い、裁断や縫製を施してキルトのバッグを作る縫製工場。これらの工場の裏側には小規模な学校が建っていた。ゴミを拾う代わりにリサイクルでものを生産する。その違いが人としての誇りを抱かせる原動力になるという話は、言わずもがな、わかりやすい話であった。

翌朝、カイロにはまたしても高々と陽が昇り、この町に雨降ることはないという話を噛みしめ味わった。外気は二五、六度だが、乾燥していることもあって外に出てもそれほど暑さを感じなかった。

衝撃のギザ――ピラミッドと貧困

朝食後、新たなスケジュールが入り、ギザに向かうことになった。二日前、私たちはギザの広大な砂原に建つピラミッドとスフィンクスを鑑賞したが、町はすぐその近くにあった。行ってみれば、貧民街のど真ん中に四階建てのビルがあり、そのビル全部を使って民間学校が経営されていた。経営とは言っても、篤志家による慈善事業で、町の人々に無料で教育や職業訓練を提供する。学校を取り巻く周辺には狭い路地に小屋が密集し、路上ではゴミの山の上に人々が座っていた。

その路地に私たちを乗せた車が着くと、建物の前に真っ赤な絨毯が敷かれ、私たちを歓迎してくれた。女性たちが甲高い音で舌を巻くようにして歓声を上げ、それがしばらく続いた。歓声を受けて中に入ると、センター長以下が出迎え、しばしカメラの放列が私たちを囲んだ。日本からの来客はめったになく、ニュースなのだという。だが、真のニュース・バリューはそのセンターを経営する篤志家にあったのかもしれない。

篤志家は、富豪の事業家で政治家でもある実兄の出資を受けてセンターを運営していた。綺麗に飾られた建物の内部は、正直に言って外の気色とはあまりにもそぐわない。その経営者自身もまた、真っ白な衣装に身を包み、優雅に振る舞えば振る舞うほど、路上のゴミの山に座る人々との違和感はますます募っていった。

センターでは語学・パソコン・手芸・裁縫・子供たちのコーラン朗読などを教えていて、他で見たカリキュラムとそれほど変わるものではなかった。ぼろ切れにも等しい衣をまとう女性たちが初めて自分のために使える時間を得、なにがしかを学んでいく。だが、ここで得られた知識や技能は、実生活でどのように活用できるのであろうか。その距離感がなかなかにつかめない思いでセンターをあとにした。

外に出ると、屯《たむろ》している女性たちの中から私たちに近寄り握手を求める人々がいた。私たちもまた彼女たちとは別世界の人と映ったのだろう。一人の女性が進み出て、手話で私に話しかける。劣悪な生活環境にある彼らが、慈善事業だけで本当に自立できるのだろうか。重い気持ちを背負い込んだまま、私たちはカイロの中心街に戻っていった。

貧困――その根源的課題

貧困の問題は、なにもエジプトに限ったことではない。だが、長い歴史と貴重な文化財を生みだしてきた民の末裔を、なぜ、過酷な将来が待ち受けていたのであろうか。無論、栄光の時代にも権力を握るものは一部の者に限られていた。多くの民が犠牲を強いられ滅私せざるを得ない環境で生きてきたことは、今も昔も変わらない。しかし、あのナイルの恩恵を受けて肥沃な土壌を手にしていた条件は、なぜ消滅したのであろうか。

一つには、気候の変動があったことは言うまでもない。無論それは今に始まったことではない。

遥か昔、極度な乾燥がサハラ砂漠を生み、大勢の避難民をアフリカ大陸の東にと追いやった時代に遡る。しかし現代の異常気象は、大規模かつ加速度的に人々の生活を襲って壊滅的な砂漠化を進めている。都市の近代化や機械化が地球環境の悪化に拍車をかけ、そのうえ営利を求めて能率化された水利用がかえって水源さえをも枯渇させている。かつての恩恵豊かなナイルの水源もまた、その影響を深刻なまでに受けているという。

度重なる外部勢力の支配や部族対立による戦争もまた、土地の荒廃や労働力損失を招き砂漠化につながっている。砂漠化は国内の食料生産を阻み、貧困と飢餓などさまざまな社会悪を連鎖的に生んでいる。権力を集中させて独裁支配に走り、民のための施政を欠いた指導者にも、当然責はあるであろう。そして、乾燥化する土地への対策を生み出せなかった人類の愚かさと怠慢にも因があったのかもしれない。

同時に、弱体化する大国を餌に利を貪った植民事業もまた、悲劇の一端を担っている。その例はエジプトに留まらず、エジプト以南のアフリカ全土に見られ、そこで中心勢力となったのが、一九世紀にアフリカ全土を分割支配した欧州列国であった。その支配は、巨万の富を創生して宗主国の人々に還元したが、後にその支配から独立した国々にとっても、地域の近代化や組織化がもし遺産とみなせられれば、開発による恩恵は皆無ではなかった。だが、その恩恵が町作りだけではなく、地域に住む地元住民の生活に持続的に還元されなければ、富としての遺産にはならない。

ウガンダとケニア――砂漠のオアシス、ビクトリア湖を囲む二つの国

アフリカ大陸とヨーロッパ

エジプトから続くアフリカ大陸は、一九世紀にその全土をヨーロッパ列強によって分割された。分割を逃れたのは、独自の帝国を築いたエチオピアと、自由を求めアメリカから集団移住した黒人の「祖国」リベリアだけであった。

分割状況は、エジプトからスーダンを経て南アフリカに通じる東部沿岸一帯を主としてイギリスに、サハラ地帯を含む象牙海岸に達する西側はフランスに、その間を縫ってアフリカ南部で東西に細かく獲得されていった領地はイタリアに、独領東アフリカと独領南西アフリカは、イギリス領を東西から挟み打ちにするようにしてドイツに、同じく大陸南部で東西に分かれてイギリス領を挟む地域はポルトガルに、大陸中央部では、コンゴがフランスとベルギーに、そしてサハラにある矮小の領土がスペインに、といった具合に、アフリカ大陸の分割に関わった当時の欧州列強は複数に上る。

しかし、この中で最も熾烈な争いを展開したのはイギリスとフランスで、両国の植民地は睨みあうように東西で向きあった。一触即発の危機は当然にして予測されたが、両国の外交折衝がぎりぎりで功を奏し、武力闘争には至らなかった。事実、アフリカ大陸分割の渦中で実戦を展開し

たのは、唯一イギリスとオランダ系アフリカ人（ボーア人）が、南アフリカ植民地のオレンジ共和国やトランスバール共和国を巡り戦ったボーア戦争くらいであった。この植民地争奪の立て込んだ当時の分割図からすれば、列強の戦略《マヌーバー》こそが、植民地における成功のカギを握っていたのかもしれない。

アフリカ大陸縦断鉄道の夢

アフリカ分割で、象徴的な戦略《マヌーバー》の一つとして今も語られるのは、アフリカを縦断するイギリスの鉄道網の設置であろう。それはインドのコルカタ（旧名カルカッタ）を起点とし、エジプトのカイロと南アフリカのケープタウンを結ぶ鉄道路線で、三都市の頭文字を取りイギリスの3C政策と言われた。その推進者の代表人物がイギリス商人セシル・ローズであった。

ローズは南アフリカやローデシアやザンベジなどに豊富に埋蔵されたダイヤモンドの発掘に成功し、アフリカ開発の中心人物となった。南アフリカの最南端に位置するケープタウンとエジプトのカイロを結べば、アフリカ縦断のみならず欧州をも支配し、イギリス帝国の包囲網が完成する。イギリスによる統治はエジプトに始まったものではなく、エジプトで終わるものでもなかった。

だが、ローズが計画したアフリカ大陸縦断鉄道は結果的には頓挫する。自然条件、植民地間の軋轢、さらには国際間での動きや植民地内での政情不安など、理由はさまざまあった。ローズ亡き後の一九六〇年代には、フランス領コンゴやベルギー領コンゴで独立運動や部族闘争が起き、輸送の安全はこれ以上確保できないと全線開通は中止された。ここに路線貫通を目指したローズの夢は、完全に瓦解する。

ローズはかつて、「私の夢はたった一つ。アフリカ大陸を貫通して走る壮大な鉄道が、いつかビクトリア瀑布のほとばしる水しぶきを浴びて走る姿を見たいだけだ」と言った。初期段階でさえ、路線貫通を目指すには予想される工事の難所がいくつかあり、ローズの願望は夢また夢であったのかもしれない。幾つかあった難所の中でも、貫通路の中間地となる旧イギリス領ウガンダとケニアで、完成に向けての懸念が最も高かった。

ナイルの源流を引き、ビクトリア湖周辺〔註　ビクトリア瀑布とは別〕に位置しているウガンダ。タンガニーカ湖周辺にタンザニアと国境を交えるケニア。それは一体、どんな所なのだろうか。

ウガンダの国情

まず、アフリカ大陸東部のウガンダ共和国は、現在の国名で言えば北は南スーダン、東はケニア、西はコンゴ共和国とルワンダ、さらに南はタンザニアと国境を接している。赤道下にあるビクトリア湖を囲む地域にあり、そのビクトリア湖はナイルの源流で水量豊かな土地柄である。

ウガンダがエジプトやスーダンに続きイギリスの保護領下に入るのは一八九四年だが、それに先立ちウガンダでは、イギリス東アフリカ会社の憲章のもと植民開拓が進められていた。バントゥ族を始めとする先住民が住み、すでに一八三〇年頃にはアラブ商人が出入りしていたが、その後、七〇年代頃にイギリスの宣教団がミッションを築いていった。

外部からの人口流入が本格化するのは一八九〇年代、イギリス東アフリカ会社がウガンダ鉄道建設のため、組織的に当時の英領インドから労働者を送り込んだ時であった。これら労働者は年季契約であったため、やがて鉄道敷設が完了すると労働力は解体されたが、その一部はウガンダに残り定着する。これらの人口と先住民に加え、周辺の部族も併合されて、ウガンダの英領保護領が制定された。以上が一九六二年に、ウガンダが独立するまでの英領保護領としての大まかな推移である。

一九六二年、ウガンダでは共和国となって初の大統領選挙を実施したが、内部統一が捗らず、軍事クーデターが起こるなど内乱が続いた。七〇年代の軍事独裁制のもとでは人民の殺戮などすさんだ状況が続き、人口流出や土地の荒涼化が進んで国体が脆弱していった。さらに隣国タンザニアの侵攻などを受けて状況は一層悪化し、かつて英領保護領下ではケニアにも勝る繁栄を遂げていたウガンダの経済力は一段と疲弊した。

ウガンダで見たもの

このウガンダを私が訪れたのは二〇〇二年、第四回世界女性会議がマカレーレ大学で開かれた時であった。日本からは直行便がないため、イギリスのヒースロー空港で乗り換え、機内で一泊して朝八時前にエンテベ空港に入った。

エンテベ空港はウガンダの首都カンパラにあるが、市街地からは離れた郊外にある。空港に降り立つと早くも眼前にビクトリア湖が広がった。淡水湖としては世界第二の大きさで、湖水を渡る風は周辺の緑とも相俟って思いのほか涼やかで心を和ませる。だが、アフリカ縦断鉄道の敷設に当たっては、この湖をどう迂回するかが最大の課題であった。

空港からホテルへの一本道は幹線道路なのであろうか。見たところ舗装されているが随所に穴やでこぼこがあり、車はバウンドして走っていく。そのうえ舗装された車道と赤土剝き出しの側道の間には仕切りがなく、車が走れば側道の砂を巻き上げて土埃が濛々と舞い上がる。それはどこかインドやヨルダンでも見た風景であった。おまけに埃舞う側道に剝き出しの小屋がポツンポツンと並び、それが店舗と住宅を兼ねているのもムンバイで見た情景と同じであった。ふと気づけば、湖のほとりにあった緑はいつしか視野から遠退いていた。

ホテルに近づいた頃、ふと耳を澄ますと、バスが「右に曲がります。ご注意ください」と日本語で報じている。まさかと耳を疑ったが、それはよくあることで、日本からたくさんの中古車が輸入されているためだと了解する。その後、気をつけていると、街中を走るトラックも、「大阪建設株式会社」といった社名をボディに描いたまま堂々と走っていた。実は、日本語を車体に残すのは、あえて車が日本製だということをアピールするためで、いわば日本車がブランドものであるからだそうである。

会議会場となるマカレーレ大学は、ホテルからシャトルバスを利用しなければならない。ガタガタ道を、しかも輻輳した交通ラッシュの中、埃を舞い上げてバスは疾走する。やがて到着すれば、なるほどキャンパスは広大な敷地に広がり、おおよそ一村落を成していた。かつては隣国ケニアのナイロビ大学もマカレーレ大学の分校であり、専門的にも権威ある大学であったという。ウガンダでの内乱が教育現場にも影響を与え、大学に経済的負担を負わせてその機能を低下させたと聞いた。

貧困は人々の生活にも及び、農村部となる山奥の村落を訪ねれば、悲惨で目を覆いたくなるような現状がそこにあると、その日部落を訪ねたノルウェーの友人が語った。飢えに苦しみ、赤貧のために働く意欲も体力もなく、虚ろな目を向けて部落を訪れた人々の動きを追う。飢えを凌ごうにも体力すら欠いて働けない日々とはどれほど残酷なものか、言葉にならないと友人は言った。貧困を招く一因が土地の荒廃のほか独裁政治や部族間対立や内紛にあったとすれば、これほどおぞましいことはない。

私はカンパラにあるＪＩＣＡの出張所を訪ねることにした。カンパラにおけるプロジェクトは自動車の整備・板金・木工・機械組み立ての四部門で、基本技術のトレーニングを行なうものであった。受講者は昼夜合わせて四〇〇名程度。訓練で得た技術がキャリアアップにつながることもあって、志望者の倍率も高いという。赤貧の生活とは程遠い環境ではあるが、学び、働くことの意欲を持たせる効果があるとすれば、ＪＩＣＡの功績には、希望を託したくなる。

さて、本番となったパネルディスカッションの方は、前々日からの準備も含め滞りなく進み大会は終了した。充実したプログラムとは裏腹に、貧困への思いを抱えたまま私はウガンダを発ち、隣国ケニアへと向かった。

ケニアの首都ナイロビから

ナイロビでは案内して下さる方があり、短時間ながらケニアの首都ナイロビの町を見た。ダウンタウンに入るなり仰天したのは、高層ビルが整然と並び、洒落た街のデザインがここかしこに窺われたことであった。もしかしてヨーロッパの街なのか、あるいはイギリスの街なのかと見まがうような都会がそこにはあった。ケニアという国がウガンダの隣にあるとはとうてい思えなかった。カンパラの貧しさが否応なしに脳裏をかすめ、改めて国家間の貧富の差が偲ばれる。

ナイロビの街は気温も年間を通して摂氏二五度以下で比較的安定し、湿度も低く過ごしやすい。ケニアは農業国だが、漁業もメタル鉱業も盛んなうえ、良港に恵まれた貿易国でもある。その中にあって首都ナイロビは商業の中心地で、アフリカ南東部から中心部にかけての土地ではGDPが最も高い。国内で生産される紅茶やコーヒーが高品質なものとしてヨーロッパに多く輸出されている。

出荷されるコーヒーは、ケニア山の麓に広がるハイランド地方での生産に依るが、そこには、ケニアきっての有数な農業地帯があり、涼しいほどの気候と、適当な降雨に恵まれている。現にナイロビから西の奥地には、広大な草原が広がっている。

一方、ナイロビやハイランド以外のケニアは、赤道直下に位置するだけあって熱帯性の陽気で気温も高く、ビクトリア湖の影響を受けて湿度も高く蒸し暑い。同じ湖に面したウガンダとも似た環境にある。まさにケニアの気候と風土には驚くばかりの多様性が窺われた。

ケニアの国境は、西はウガンダ、北西は南スーダン、北はエチオピア、北東はソマリア、南はタンザニアに接し、南東はインド洋に面している。そこに住む先住民の部族数は多数あるが、その中でキクユー族が比較的大きな勢力を維持してきた。のちにキクユー族とともに名を知られるようになったマサイ族は、ケニア人口のわずか二パーセントに過ぎない。彼らは一〇〇〇年ほど前にスーダン地区から南下し、ケニアに定住するようになった。ケニアはもともとバンツー語系の部族や、ナイル渓谷からアフリカ東部や中央にかけて住むニロテ語系の部族が居住する地であり、マサイ族もバンツー語系部族であった。

先住民のほかには、アラブ商人がマサイ族の移住より前の八世紀頃渡来して定着するようになった。近代になるとポルトガルなどヨーロッパからの移住者が増えるが、イギリスからの入植者は主に一九世紀後半であった。

ケニアがイギリス保護領下に置かれるようになった経緯は、ほぼウガンダのそれと類似する。一九世紀後半、ウガンダと同様ケニアはウガンダ＝ケニア鉄道の拠点となったが、それに伴いケニアでも労働者としてのインド人がイギリス東アフリカ会社により大量に送り込まれるようになった。大多数がその後この地に定着する。鉄道建設とともに本格的にイギリスの影響を受けるようになったケニアにあって、首都ナイロビは、インド洋沿岸に面する位置からいっても、イギリス本国とケニアを結ぶ重要な地点であった。

マサイマラへの旅

私はそのナイロビからケニア奥地にと向かった。ウィルソン空港を飛び立った飛行機は小ぶりの双発プロペラ機で、客席は八席ぐらいであったろうか。乗客は中年のイギリス人夫妻と私で計三人。身をかがめて入らないと天井に頭がつかえてしまう。スケジュール表もなく、マサイマラの飛行場は幾つめになるのか、尋ねてみた。操縦士は「その日によって違う」とそっけない。「飛行場の様子を見て搭乗客がいたら着陸する」と付け足した。エンジンがかかり飛行機が離陸した。ふぁーっと宙に浮いたかと思うと、飛行機はそのまま空に浮かんだ。

結局、二つめとなる飛行場で夫婦が降り、三つめで私が降りた。途中、新たな乗客が二人あったので飛行機は空になったわけではない。飛行機を降りると二人の男が近づいてきて私の名前を確認し、ホテルからの歓迎の言葉とともに滑走路脇に留めてあった四輪駆動車へ私を誘導した。

三〇分以上も走ったであろうか。でこぼこ道を車は進み、車がエンジンではなく振動で走っているのではないかと思っていると、男たちが言った。「ほら、象がそこに」。見ると、木の茂みを、隠しようもない巨体を揺らしてアフリカゾウが歩いていた。その前を二、三人の子供が脱兎のように走っている。「ここではライオンより怖いのが象。踏まれたらひとたまりもないから」と言うドライバーも心なしか緊張して見えた。

間もなく長い柵に囲まれた敷地が見え、門があった。宿となる「ムプタ・サファリ・クラブ」である。敷地の周りを柵で囲まないと、猛獣も出入り自由で危険なのだという。柵には鉄線が張り巡らされ、高圧電流が流れているとも説明された。

「ムプタ・サファリ・クラブ」は、マサイマラにあって日本人が経営する唯一のホテルなのだが、少し前までは会員制のクラブであった。ホテルは広大なサバンナを前にしたオロロロ丘の上に立つロッジで、マサイ族の村までは、車で一時間とは離れていない。

各部屋はロッジ風に一戸建てになっていて、本館からなだらかな傾斜を下ると、予約した部屋は敷地内では最も低い所にあった。おかげで開けた視界で一望されるスロープの麓には山裾を広げるように平原があり、その先、はるか遠くに見える細い帯状の川の向こうに、マサイ族の部落があるという。

ホテルは徹底したエコ営業で、各ロッジがメインオフィスから離れているのに連絡用の電話も送迎車もなく、用事があればひたすら歩かなければならない。しかも、夜一一時にはすべての電源が落ち、自然とともに夜を過ごし、自然とともに夜が明ける。

食事は、メインオフィスに続くダイニングルームで摂ることができ、私は夜六時に予約を入れた食堂に向かった。食事が終わってショータイムとなり、ステージには出演者が登壇する。体や顔にペイントを施し、飾りをつけた男性ダンサーたちが太い棒を床に叩くような仕草で歌い始めた。『ゴーチャ』。

さすがにここはケニア。歌も踊りも、ケニアを舞台にしたディズニー・ミュージカル『ライオン・キング』であった。ダンサーたちは競い合うようにドラムや歌に合わせて高々とジャンプする。高く飛べば跳ぶほど演技は美しい。ダンサーは近隣に住むマサイ族の男たちであった。

食事もショーも終わり部屋に帰ろうとしたが、懐中電灯を部屋に置き忘れて「夜道」を灯りなしで歩くのにはいささか不安を覚えた。すると、制服に身を包んだ年配のガードマンが灯りを照らしコテージまで送ってくれた。今日のステージはどうでしたかと彼は尋ね、「私も跳んでいたけど、わかりました?」と訊かれた。

そういえば、ステージの端に一人年配のダンサーがいたのを思い出す。もしやと思って制服姿の彼の顔を見遣ると、「私はマサイ。ほら、この耳を見てください。耳たぶがこんなに長いでしょう?」と片方の耳たぶを指して言う。マサイの人たちは重い耳飾りをぶら下げているので、耳が伸びてしまうのだ。「昼はガードマン、夜は頼まれれば踊りもする」と彼は言った。

別れ際に、「明朝はゲームハントに行かれますか? 早いので、起床の合図が必要ならドアをノックします」と彼は言った。電話がないので、ノックがモーニングコールのサービスとなる。翌朝五時半頃、マサイのガードマン、オランジェがドアをノックし、立ち去った。六時にはサファリツアーの車が正面玄関から出発する。車はサファリ用の四輪駆動車であった。

七月の朝六時といっても周りは薄暗く、ひんやりとした空気が漂っていた。「一時間もすれば陽が昇るので、そうしたら車のルーフを開ける」とドライバーは言う。目的地のナショナル・パーク「マサイマラ国立保護地区」までがちょうど一時間。やがて日差しが見られるようになった頃、ドライバー兼ガイドのピーターは車のルーフを開けた。私たちは立ち上がってカメラを構えた。

公園の入口から中に入ると早速に象、やがてシマウマ、ヌー、ホワイトフォックス、アンティロープ、イボイノシシ、サイ、バッファローなど巨大な草原の動物が次々に出現する。最初はヌーの群れに皆、必死にカメラを向けていたが、あまりにも何度も視界をよぎるので、やがて食傷気味になり皆、カメラを降ろしてしまった。

動物が低い所の葉を食《は》むせいか、サバンナの木は、ひょろ長い木の上だけに丸くこんもりと葉をつけている。遠くから見ると、目が慣れるまでそれが木なのか、あるいは大型のオーストリッチなのかわからなかった。草原の動物にはそれほど大仰な動きがなかったからでもある。ひと渡り見学して私たちはホテルに引き上げる。朝食を済ませたあと、マサイ部落の見学があるというので私もそれに参加した。

マサイ族の部落で

マサイの村は意外と平原にあり、広々とした敷地に木の皮やいばらの蔓で編み上げた門扉と塀が住居を囲っていた。その外側は庭なのであろうか、マサイの女たちが台や地面に腰をおろし、色鮮やかな布を加工したりビーズを編んだりして手芸している。子供たちはそこを運動場のように駆け回り、追いかけっこをする。靴を履きたい子は靴を履き、嫌ならば裸足でいる。牛も犬もいて家畜の置き場でもある。

真っ赤なマントで身を包み、ピースと呼ばれる槌のようなものを手にした若い男の子がツアー客の前に立った。彼はその家の四人兄妹の末弟なのだと自己紹介する。流暢なブリティッシュ英語で、皆に訊いた。"Do you speak English?" 近くにも学校はあるが、年長になると少し離れた学校に行って語学の勉強をするのだという。

門の中には土を塗って固めたドーム状の家があり、中に入るといくつもの土間の部屋が続いている。家畜もいる土間や居間、清潔を保つ寝室と、用途に即して部屋があり、奥に行くたびに廊下が曲がって新たなコーナーを作っていた。折れ曲がればそれだけ奥は暗くなり、蝿や虫が侵入しない。室内には焚かれた薪がくすぶり香りを運ぶ。その香りもまた虫退治となる。

要領よく説明したガイドの青年は二〇歳だという。まだ独身だが年内には身を固めることになるだろうとも言った。彼の憧れの生活は四人の妻と二〇人の子供を持つことだ。彼の理想は長兄で、ちなみに彼は三七歳だが、現在妻は一人、ゆくゆくは二人目の妻を迎えることになっているという。妻を持ち子を持つことで責任感を養い、それだけ人を成熟させるのだと末弟は言った。

マサイ族の家は家父長制で、父親が絶対の権限を持つ、と彼は言う。その彼が尊敬する父は四人の妻を持ち、末弟の二〇歳のガイドからすれば、母親は四人となる。自分は、どの母親にも可愛がられ幸せだと言った。彼はきっと優等生なのだろう。

マサイは放牧の民で多くの家畜を所有する。野生の動物と分けて、自分たちの家畜をマサイの牛、マサイの家畜と呼んでいる。家畜の所有はまた、部族のステイタスでもあった。男が多くの妻を持つのは部族の仕来《しきた》りであると同時に、実は、妻帯するたびに妻の実家から持参金として牛馬が贈られる。マサイにとっては貴重な収入源であった。

多くの妻を持つことで責任感が培われると末弟は言った。それはモスレム流に考えれば、これらの妻すべてに夫は充実した生活を公平に保証しなければならず、そのことが責任感ととらえられている。しかし、宗派にかかわらず実際の社会では、古い仕来りの持参金（ダウリー）制度が多くの若い女性の人権を侵害した。持参金が低いことに腹を立て、幼気《いたいけ》な少女が生きたまま火あぶりにされたというインドの逸話は、実話でもあるからである。無論、そのようなことは優等生青年の語るところではなかった。

ゲームハントのクライマックス

ホテルに戻り昼食を摂ると、再び午後三時からのゲームハントが待っていた。早速、象・サイ・シマウマ・ヌーとお馴染みのサバンナの主たちが現れる。チータが見たいと言った私のリクエストに応え、ピーターはかなり走ってくれたが、チータは草の丈の低い草原に行かなければ見つからないと言う。結局タンザニアとの国境まで行ったが、あいにくチータはいなかった。だが、ゲームハントのクライマックスはその先にあった。草原がいささか湿気を帯びて緩やかに広がった所にたくさんのサファリカーが乗り入れ、屯している。その群れの中にピーターも車を入れ、エンジンを切った。

目前には雄ライオンと雌ライオンがそれぞれ離れて二匹。そして雄ライオンが満足しきったかのように横たわるその脇には、一匹のヌーの死骸があった。雌ライオンはと見れば、こちらの方は目下食事中。エボイノシシを足からかぶりつくように食べている。ライオンの世界では雌がもっぱら狩りをし、雄は髪結いの亭主なのだ。目を背けたくなるような弱肉強食のシーンであった。

日もどっぷり暮れ、今見たシーンに皆、興奮と衝撃を受けたのか、沈黙のうちにホテルに戻った。その夜、夕方から篠つく雨となり、曇り空ゆえ星もなく寂しかった。ホテルの灯りが消えた頃、雨も止んだのであろう。空を見れば、煌々とした月明かりにわずかながら星のまたたきも見えていた。清々しい草原の茫漠たる広がりは心和ませ、私はいつの間にか安らかな眠りに誘われていた。

翌朝、早すぎたが四時半に目が覚め、起床する。すでに電気は通っていた。ガードマンのオランジェがノックをしなくてもよいように玄関ポーチの灯りをつける。五時半頃人の声がした。オランジェに違いない。約束どおり、彼はノックをせずに帰っていった。六時前にメインオフィスに行くと、最初は三人だった観光客が次は四人に、そして今日はさらに二人増えていた。運転手も代わって、ジェームズが案内役となる。

マサイマラ保護区の公園に入るとバッファローやオーストリッチがいつもよりも多く見られた。今日はシマウマもやたら多かった。シマウマは毎年この時期、ケニアからタンザニアに移動する。帰りがけにはその大集団に遭遇した。車道を横切る大軍団を前に私たちは車を止め、集団が抜けるまで待つしかなかった。

集団の最前列と最後尾にはリーダー格のシマウマが行く。途中、母親にジャレついて乳をせがむ赤ん坊のシマウマ。それにしても神様はなぜこんなにも多くの縞を彼らに与えられたのだろう。縞の模様は一匹一匹違い、私たちの指紋と同じなのだという。若い時にはチョコレート色の縞が、やがて濃厚な黒色に転じていくのが雄だという。

パークでは、例によってヌーやアンティロープが集うなか、頭上の樹の上に大きな禿鷹が一匹、周囲を睥睨している。やがて周辺にたくさんのサファリカーが集まり始めた。お腹を空かせた雌ライオンがハンティングの態勢に入っているという。

示された地点を双眼鏡で覗くと、たしかに草むらでライオンがゆっくりと動き始めた。遥か彼方には草を食むシマウマとヌーの群れ。アンティロープもいる。だが、ライオンに気づくものは一頭もいない。のどかに群れる獲物にライオンはたしかに照準を合わせ、近づいていった。

ライオンは四〇分もかけて少しずつ歩を進めた。時々方向転換をし、近づいている素振りを隠しながら用意周到に動いている。少し丈のある草の陰に隠れると、危うく姿を見失いそうになる。ジェームズに教えられながら私たちも双眼鏡を回してみる。いよいよ群れのかなり近くまで寄ってきた。ライオンの顔に一段と緊張度が増してきた。その時だった。

突然、頭上の樹に止まる鳥がけたたましい鳴き声をあげ、急を知らせた。ゆったりと先方を歩いていたヌーが標的とされ、先のライオンに狙われているのだった。さらに鳥の声が今一度、鋭く周囲に響いた。この二声で状況は一変した。ヌーもシマウマもアンティロープも、その大群が一斉にライオンの方を向いている。じっと対峙の睨み合いとなった。もうライオンにチャンスはない。すっかり集中力を失ってしまったのだ。ライオンは、今日は朝食抜きということになったのだろうか。

あれほど集まっていたサファリカーがあっという間に皆、エンジンをかけ、去っていった。サバンナは何事もなかったかのように静寂に戻った。私たちもまた帰路に就いた。先の大移動のシマウマだけではなく、ヒヒの大家族、そしてヌーさえもが徒党を組んで私たちの直前を横切った。遠く草原の彼方を見ると、マサイの牛の大群が赤いマントのマサイの男たちに追われて移動している。草原の所どころに野焼きの跡があり、やがて芽生える新芽を待つ。ドライブゲームの旅もこれでいよいよ終わり。私たちはホテルに戻り遅い朝食を摂った。

再び超える大地溝帯

荷作りをし、その日三時頃ホテルをチェックアウトした。再びカラカラに乾いた砂のでこぼこ道を送ってもらい、飛行場にと向かった。短い時間であったのに、今までに体験したことのない世界に入ったせいか、サバンナの旅の印象は強烈であった。

ナイロビに戻る機内で、行きには翼近くの席で充分には見えなかったグレート・リフト・ヴァレーを俯瞰する。それは、大地溝帯——大地を裂く地殻の変動が少しずつ起こっているスポットなのであった。行きにも激しい揺れは感じ、山や谷を越えるような起伏を想像はしていたが、これほど大胆に切り裂かれた大地の様相を眼下に見ようとは思わなかった。裂け目はやがていつかアフリカ大陸の東側を大陸から切り離し、大陸とは別な大きな島を作るであろうと言われている。もっとも、それは数十万年から数百万年後の話である。

大地溝帯はつい近年に発生した現象ではない。一〇〇〇万年前とは遡らないが、少なくとも人類が地球に誕生する以前からその現象は起こっていた。その現象とは、大地溝帯周辺では地熱が高まり、そこに発生する上昇流が地殻を押し上げて地殻変動を起こすことであった。さらに、上昇流が東西に走れば、東西に引っ張りあう力を生んで大地を東西に引き裂くのだという。

また大地溝帯周辺では、亀裂に至らないまでも地殻変動により山や谷ができ、起伏の大きい大地を作りだした。そのうえ、この起伏がインド洋など海洋から吹き付ける湿った空気の流れを堰き止め、周辺の気候をも変えてしまった。つまりそれが、湿った空気を送れない大陸中央部以西にサハラ砂漠を作り、沿岸のケニアやタンザニア周辺に草原地帯を出現させた原因という。だがその中間部となるコンゴでは熱帯性樹林が見られるなど、多様な気象が大陸に見られることも留意したい。

ちなみに私が越えたグレート・リフト・ヴァレーは、発見した人の名を冠しグレゴリー・リフトとも言うが、大陸東側を走る亀裂からイースト・リフトとも言う。これとは別に、枝分かれした西側のウエスト・リフトもある。このアフリカ大陸に見られる大地溝帯は、実はアフリカ大陸だけではなくさらに北に延びて、その一部は紅海からシナイ半島、アカバ湾、ヨルダン渓谷から死海にも繋がっていると聞く。奇しくもそれらは、この章で描いてきたヨルダン、エジプト、東アフリカの全地域を貫通する。さすがにインドの陸地まではヒットしないが、陸地が面するインド洋までは達している。自然の仕組みの大きさに私たちはただ翻弄されるばかりなのだろうか。いやむしろ、その自然の仕組みを借りて、地球のそこかしこに私たちが生活を営んでいるだけなのかもしれない。

ケニアが伝える乾いた大地での課題

ケニアへの旅は大自然の奥の深さとそこに住む人々の営みを、多面的に見せてくれた。そこには太古の昔から人が住み、そこを生活の場としてきた。マサイ族のように、今も自然に寄り添い日常生活を営む人々もある。一方、ナイロビのようにイギリス統治下にあった過去を引き継ぎ、自然を克服して近代的な大都市の発展をみたところもある。

ケニアの場合、イギリスの植民支配が第二次大戦まで続いたが、一九五二年に民族主義的反乱が生じ、イギリスとの七年にわたる闘争の結果、六三年に独立した。初の選挙で先住民の首長ジョモ・ケニヤッタ政権が誕生したが、政権発足後、部族闘争や権力闘争が見え隠れした。それに対し、ケニヤッタはエチオピアに支援を仰ぎ、一九六九年、相互防衛協定を結んで国内の安定をはかった。ケニヤッタ没後も、二代目大統領ダニエル・アラップ・モアは支持層も厚く、何度かの再当選を果たしたが、二〇〇二年、任期満了で退任した。その後ムワイ・キバキ大統領のもと、ウガンダに比べれば比較的武力闘争に及ぶことも少なく、それがケニアの経済力をも維持してきた。部族闘争がいかに国にとり、その安定を脅かすものとなるかを如実に示している。

無論ケニアに不安材料がないわけではない。二〇一一年には六〇年に一度という旱魃と大洪水が東アフリカを襲い、ケニアも甚大な被害を受けている。二〇一三年にはナイロビ郊外で大型商業施設が過激派集団に襲撃され、テロ事件が表面化した。現在でもアルカイダ系イスラム過激派による新たなテロが懸念されている。

テロ以外にも児童婚の問題が深刻になっている。ユニセフのレポートによれば今、世界では七億以上もの女性が一八歳未満で強制結婚に追い込まれている。ケニアでは二〇歳から二四歳の女性のうち、一八歳未満での結婚は二三パーセント、一五歳未満が四パーセントもあるという。児童婚を禁じる法は制定されているが、伝統が壁となっているほか、子供を金銭で売る親、あるいは牛と持参金目当てに児童婚を強要する父親が後を絶たない。また、因習に逆らえば村八分となることを恐れる両親も多くある。

これら作為的被害がどれほど深刻な影響を人類に与え、無防備な市民、特段に赤貧に苦しむ人々をさらなる困窮に陥れているか。そのことに対し、私たちはどのように向きあい、どのように対処すればよいのだろうか。

人類が古来築いてきた驚異に値するような偉業・文化・智恵を、今その人類が自らの手で破壊している。その愚かさを私たちは次世代に遺すだけなのだろうか。それでは草原地帯で垣間見た弱肉強食の世界と結局は変わらないのではないか。乾いた国々を移動しながら、そこに共通する根源的な問題が脳裏を突いて離れなかった。

おわりに

車窓から見た旅の世界は、国境を越えるごとに途方もなく膨らみ、いつしか淡い旅情を凌いで深刻な課題を突きつける。国境とは何か。その単純な疑問が、やがて国境を越えて広がるグローバルな課題にまで行きついてしまう。だが、まずは国境とは何か、その出だしから今一度問題を手繰《たぐ》ってみる。

思えば、ヨーロッパでは何千年もの長い年月、国境を巡らし外敵を排してきた。それは得た領土を護りたいという執念からでもあるが、その領土を狙う外敵があったからでもある。外敵の脅威が増せば増すほど国境の壁は強化され侵略に備えてきた。戦に負ければ領地を失い、勝てば新たな領土を獲得する。国境はその都度変更を余儀なくされ、果てはあてどない応酬の繰り返しとなる。その応酬に歯止めがかけられないまま、国際社会は国境に対する共通認識とルール作りを求めていった。

歴史上、「国境」の線引きが初めて正式に国際間で承認されたのはウエストファリア条約（一六四八年）だとされている。条約は三〇年にも及んでヨーロッパを分裂させた「宗教戦争」を終結させ、以後、各国勢力の主権が及ぶ領域は明確にされるべきだとして、国際間で協議のうえ、互いの「国境」を認めることになった。

本来、日本語でいう「国境」という意味合いからすれば、「国境」は国家あってのことで、必然、近代国家が生まれて以降のこととなる。だが、「国家」をどう定義するかは複雑であり、ましてやヨーロッパでいう「国境」の概念は、国と国の境というよりも、むしろ単純に領地を区分する「ボーダー」としての線引きであった。

事実、どこの国にでもあるように、部族や民族の縄張りとしてのバウンダリーは古くからあり、ヨーロッパでも地主や土地の豪族が支配する領地、やがては貴族や封建領主が群雄割拠して所有する領土や封土など、一定の地域を私有地として境界線で囲ってきた。この中で勢力を束ね、領土を拡大していったのが古代の帝国でありのちの王国であった。

その王国と王国の境を「国境」と捉えるのが普通だが、ヨーロッパでいう「国」は、必ずしも王が治める王国とは限らない。貴族を君主とする公国や侯爵の爵位を持つ君主が治めた小国の侯国のほか、領地を持つ司教など高位聖職者が治める侯国もあるからである。

だが、王が治める王国の国境に絞ってみれば、比較的古くから王権を確立させたイングランドやスコットランド、デンマーク、スウェーデン、ノルウェーなどの諸王国は、すでにみてきた通り、長い年月の間に覇権争いを繰り返し、それら王国の間の境界線を絶えず移動させていった。国境線を巡って確執にも似たイングランドとスコットランド間に生まれた対立は、スコットランドをして、今日に至るまで分離独立への情熱と信念を失わせていない。

しかも、それぞれの王国は王国同士の結びつきを強化して覇権争いを有利としたため、王位継承を狙う政略結婚で王室間の統合を図っていく。そのため国境線は、一定の地域に限らず広く他国にも波及していった。先のイングランドとスコットランド間の対立も、単に両国間に留まらず、周辺の北欧諸国やドーバー海峡を隔てたフランスなどヨーロッパ大陸をも巻き込んでいった。それは目に見える国境線の話だけではなく、王室同士のつながりにより一国の王権の拡張が他国にも及んだからであった。

翻って領内に住む領民の側から境界線を見れば、境界線はたしかに外からの襲撃に対しての防衛線ではあった。しかし、領主とその領内に住む領民が土地を介して主従関係にあった時代には、領主の支配圏の拡大や損失により領民の住む周辺領域が突如変更されることはあっても、領民は領主に断りなく領外に出られなかった。そのため領民にとっては、領地の境界線は越すことのできない束縛ともなっていた。つまり国境線を越えるということは、攻め入ったり併合したりする、いわば非常事態下のことであって、住人が自在にそれを越え、ましてや移住することは不可能であった。

やがて時代が変わり土地に縛られる制約が解けてくると、国境線を越え、他の地との間を行き来しては商いをし、あるいは身分の解放により別の地に居住する人々も現れる。彼らにとって国境線は、もはや定められた固定のものではなく、行き来するために超える境界線に過ぎなくなった。

さらに大航海時代には、航海術を駆使したスペインやポルトガル、あるいはオランダやイングランドなどの海洋王国は、自国の領域を遥かに超えた洋上の彼方にも富を求め、植民地を開拓することで大陸の外に境界線を広げていった。時には海賊として他国の境界線を違法に襲うこともあった。海賊行為は言うまでもなく、開拓事業もまた、初期には民間企業や個人が手がけるレベルのものであった。しかし、やがて開拓事業は王室の後ろ盾をも得て、次第に組織化され発展する。その結果、各国は競って多くの入植者たちを海外に送り出していった。組織化された植民事業は必然的に未開地に新たな国境線を引いていった。

なかには一攫千金を夢見て新天地にと移住を決した人々、あるいは貧しい境遇を抜け出したい一心で海を渡る人々もあった。イギリスやヨーロッパから大洋を越え、アメリカやオセアニア、アジアに渡る者もあれば、逆にアジアや中近東地方からもアフリカやオセアニア地方に渡る人々も多くあった。

しかし国境を越える移住者の中には、自らの意志に反し、強制的に植民地に送り出された者もあった。奴隷貿易のターゲットとされ、高額な値を目論んでアフリカ大陸などから強制連行された人たちであった。粗雑なガレー船にすし詰めにされ、自分の思いとは裏腹に、祖国から断ち切られた人々にとっての国境越えとは、自由と生存権と故国とを剝奪されるものであった。

反面、未開地とはいえ、新大陸の開拓は別の意味で「国境侵害」の問題があった。それは、もともと居住する先住民との間での問題である。先住民にとって大地は、古来、「大地を治める者」から託された万人のための土地で、たとえ部族による縄張りはあったとしても、土地は私人の支配するものではなかった。それが旧大陸から渡来した征服者により奪われ、しかも征服により土地の所有権を正当化した開拓者と、土地は万人のものと考える先住民とでは、所詮、境界線の問題は噛み合わない議論であった。

一方、乾燥地における水を巡る闘争は、その地に住む部族間において古来熾烈なものであった。水を巡り部族間の対立が起こり、水を巡り農耕の機会が失われ、水を巡り貧富の格差が増大する。部族間の対立はやがてさまざまな外部勢力に利用されますます対立を深めていく。ましてやそこに、往々にしてあるように、水資源を越える別の天然資源が埋蔵されていればなおのこと、その開発を巡り利権が交錯する。究極、乾燥地帯で起こる悲劇は、部族間の対立、権力の葛藤、煽られる暴力・内紛・戦争、そしてあげくは住民を巻き込む貧困であると断言できよう。

その乾燥地帯の悲劇から逃れようした難民たちが、今、往々にして不法移民としてヨーロッパ大陸に逃れていく。逃避先の国々にとっての不安も大きく、今や乾燥地の悲劇はヨーロッパ大陸にも拡散され、世界を経済的・社会的に不安定なものとしている。

だが、問題は難民だけの問題ではない。難民を排出せずとも、乾燥地帯が抱える問題自体が、今やそれぞれの国に留まらず、境界線を越えて広がるボーダーレスの問題でもあるからである。貧困・飢餓・流行病・麻薬・犯罪・教育の欠落。それらの問題は乾燥地に留まらず、今や国境を越える普遍的課題でもある。

そもそも食物を欠くほどの赤貧とは、命にかかわる病にかかっても医師の手当てを受けることも叶わず、日々生活する居場所としての住まいもなく、まして基本的な教育を受けることすら叶わない。その赤貧をもたらしている原因は、住む土地の気候条件によることが第一にあげられよう。恒常的な砂漠化、自然災害。だが、同時に人為的にもたらされる戦渦による土地の荒廃、営利を優先させたがために枯渇する水源、汚染される空気。そして第三に、権力掌握のために利用され、生命の危機と極貧に陥《おとしい》れられる市民の脆弱な社会基盤。

世界は、この貧富の差という解けぬ課題を負ってすでに二つの世紀を跨ぐことになる。そのため国連は人類の極限的課題である貧富の差を縮めることを始め、不平等の是正や社会的不安の改善を努力目標に掲げて、今世紀初め「ミレニアム開発目標MDG（Millennium Development Goal）」を掲げた。しかし、より究極的な努力が必要だとして、さらに二〇一五年、国連はあらたに持続可能な「社会開発指標目標SDGs（Social Development Goals）」を設定した。貧困と、差別と、部族闘争のない世界。そこでは、誰一人取り残されることのない「対ひと」への対策が求められ、そのことに万人の注意が喚起されることを強く求めたのであった。それらは、「社会開発目標SDGs」が目標達成年とする二〇三〇年までに、果たして解消されるのであろうか。しかしSDGsは、それが国境を越える世界的課題であるからこそ、目標を達成することに誰しもが無関心であってはならないとしている。

もはやノスタルジーに浸るのどかな国境越えの旅などは、縁遠いものとなってしまった。ましてや地続きの国境を持たない日本では、なおのこと国境への意識も、国境が抱える問題にも実感が薄く、現況の問題すら見えにくい。だからと言って今や、国境問題に無関心や無神経で安穏として生きることが、果たしてできるのであろうか。

旅をして国境を越える時、そこに浮かび上がる国家間での違い、あるいは、逆に国境を越えても何一つ変わらぬものが国境周辺にみられるのはなぜなのか。そもそもこの素朴な疑念と興味に惹かれ、自らの旅の体験を本書に綴ることになった。

だが考えてみれば、それらは別々の問題ではなく、たとえ国境があろうとも地続きであれば似通った日常生活を営む人々が持つ類似性、一方、国境のうちに住む人々だけが共通意識を分かち合える特殊性、この相離反するかのような特性が、実は国境上では共にあり、交錯する。得てして両者は相俟ってその地域への愛着心と自負心を作りだす。その絡みあった謎こそが、著者に国境への素朴な疑問を抱かせたのかもしれない。

翻って見れば、国境、あるいは自分の地域を護りたいとする人々の心情は、現在、国境を越えて移住しようとする難民、あるいは国境を越えて敷衍《ふえん》する現代的課題に対し、とかく閉ざされ、向き合っていない。たしかに、長年の歳月を経て培われ、愛おしまれて来たそれぞれの地域の文化の至宝を失わずして、異なる文化を受け容れ、それらと共生するにはどうしたらよいのであろうか。思い出されるのは、アメリカの歴史家でピューリッツァ賞を受賞したオスカー・ハンドリンが、かつてアメリカが大量の移民に怯えて閉鎖的になった社会に向け、移民が新たな社会に溶け込んで受け入れられ、それによりもたらされる多様性が豊かな文化となってその社会に還元できるのには、少なくとも三世代の時が経るのを忍耐強く待たねばならないと訴えたことである。それはことにより、アメリカ社会に向けてだけではなく、今世紀に生きる現代社会への警句であったのだろうか。

だが一方で、前述したとおり、ボーダーレスな課題として、人類が直面している飢餓、貧困、内紛、自然災害などへの解決は喫緊にして、待ったなしのタイムリミットが科せられている。この急務と、長期的展望で共生が求められる難民問題という、いわば人類が陥っている「二重債務」にどう対処すればよいのか。通信革命や交通革命などテクノロジーの進化が国と国の違いを埋め、国境線を見えないものとした現在、やがて人々の叡智や努力が、同じように国境を越える課題にも対応できるようになるのであろうか。いやいやそれは他人ごとではなく、私たち一人一人が取り組むという意識なくしては動かない、と国境問題は訴えているのかもしれない。

最後となるが、本書発刊に際し、論創社社長森下紀夫氏、編集・校正でお世話になった同社の松永結衣子氏、福島啓子氏、ならびに、平素、変わらぬ激励とご尽力を頂いた野中文江氏それぞれに厚く御礼を申し上げたい。難解な国境の課題を取り上げるには、著者の力量では及びもつかないことを痛感しているからである。

二〇一九年三月

著　者

青木 怜子（あおき・れいこ）

聖心女子大学名誉教授・国連 NGO 国内女性委員会委員長。1935年、神奈川県生まれ。聖心女子大学文学部英文科卒、ジョージタウン大学院史学部修士課程修了。聖心女子大学文学部教授などを経て、現在、同大学名誉教授。第47・48回国連総会日本政府代表代理。国際大学女性連盟（IFUW）元会長。大学女性協会元会長。著書に『西部アメリカの素顔』（鷹書房）、『私の中のアメリカ @us ／ nippon.com』（論創社）、共著に「中部大西洋諸州」『アメリカの地域――USA Guide 2』（弘文堂）、「国連と女性――ジェンダーエクィティーへの道」『共生と平和への道』（春秋社）、共訳書に『怒れる西部』（玉川大学出版部）など。

旅、国境と向き合う

2019年 6 月 1 日　　初版第 1 刷印刷
2019年 6 月10日　　初版第 1 刷発行

著　者　青木怜子

発行者　森下紀夫

発行所　論 創 社
〒101-0051 東京都千代田区神田神保町 2-23　北井ビル
tel. 03 (3264) 5254　fax. 03 (3264) 5232
http://www.ronso.co.jp　振替口座 00160-1-155266

装　幀　フレックスアート
組　版　中野浩輝
印刷・製本　中央精版印刷
ISBN978-4-8460-1827-6 ©2019 Printed in Japan

落丁・乱丁本はお取り替えいたします。

論　創　社

私の中のアメリカ◉青木怜子

@us/nippon.com　首都ワシントンでの体験を軸に、戦前戦後と日米を往き来して見つめた広大な大地、多様な人種が綾なす混交文化、先進的で保守的なアンビヴァレンスの国アメリカの姿を生き生きと描き出す。　本体2200円

追憶のセント・ルイス◉加藤恭子

一九五〇年代アメリカ留学記　内気な女性ベティと過ごした懐かしいあの日々、そして心に残る隣人たち。都会の片隅で暮らす、ごくふつうの人々の姿をかぎりない愛情をこめて描き出す、異色のアメリカ留学記。本体1500円

インド探訪◉タゴール暎子

詩聖タゴール生誕150周年記念復刊。変わるインド・変わらないインド、50年間の重層するメモワールを、万感の思いをこめて織り上げた珠玉のエッセイ。50葉余の美しい写真を添え、装いもあらたにお届けする。　本体2200円

「小さな大国」ニュージーランドの教えるもの◉日本ニュージーランド学会ほか編

世界と日本を先導した南の理想郷　世界に先駆けた反核、行政改革、社会保障・福祉、女性の権利、子どもの保護、犯罪の福祉的処遇……多様なテーマを検証するニュージーランド研究の最先端。　本体2500円

インドネシアと日本◉倉沢愛子

桐島正也回想録　日本との国交が樹立された直後の1960年以来、激動のインドネシアにとどまり、50年にわたってビジネスを展開してきた男の物語。インドネシア現代史の碩学による聞書で再現。　本体2000円

裸眼のスペイン◉フリアン・マリーアス

古代から現代まで二千数百年にわたり、スペイン人自身を悩ませてきた元凶をスペイン史の俎上にのせて剔抉する。オルテガの高弟のスペイン史論の大成！　口絵・地図・年表付き。西澤龍生／竹田篤司訳　本体8200円

反核の闘士ヴァヌヌと私のイスラエル体験記◉ガリコ美恵子

25年前、夫の故郷イスラエルに移住した日本人女性の奮闘記。イスラエルでの波瀾に満ちた著者の人生体験をいっそう深化させたのは、ある反核の闘士との出会いだった！　本体1800円

好評発売中！